老妹世代

30歲後，我反而更喜歡自己

柚子甜

推薦語

這是少女可以先預習、熟女可以溫習的女人心事，這本書讓我重新認識了「老妹」的魅力！

——阿飛／作家

我是老妹，而且是單身老妹。每個老妹都有自己的一套堅持和自信，單身的老妹沒有打不開瓶蓋的權利，但是我們清楚明白靠自己也沒什麼不好。《老妹世代》不教妳怎麼當一個稱職的老妹，而是要告訴妳世界上有許多人懂妳。身為老妹，要做的就是盡情享受人生，這是告別學生生涯後再一次可以填志願的機會，老妹更懂自己想要什麼，老妹不接受任何強迫與安排。

——**時尚編輯的真心話**／部落客

柚子甜分享了30歲前後的女性心聲，讓我們能一起共鳴她們跨入成熟過程的心情轉折。希望對人生感到迷惘的妳，能透過這些故事重新獲得力量。

——**張國洋**／大人學

看到柚子甜文章裡說「很多老妹第一次單獨旅行，都源自於一次巨大的感情破碎」整個大笑不止，相信任何一段突破自我的旅程都來自一段毀滅人生的殘破愛情，承受無法承受之劇痛，只能淚灑轉身遠行找回愛笑的眼睛，沒想到踏出框架後，劇情意外超展開，老妹在台灣不吃香，卻在異鄉奇貨可居，歪國人告訴我「成熟的智慧，是老妹最吸引人的地方！」

原來，失去了青春，委屈了那幾年的愛情，奴性幾年的工作，換來是成熟面對下一段人生，不再大哭大鬧，以為世界會塌下來，只有時間不會靜止，要懂自己，比在意年紀來的重要百倍。

老妹，是妹，也是初老的姐，最終能定義自己的未來，還是自己。

——**雪兒Cher**／**旅人作家**

推薦序

愈是收藏密實的心事，愈是等待被穿透

許菁芳／作家

「製作出來的真實，往往更接近真實。」

製作電影的人，花費氣力，搭建虛假的場景捕捉真實的情感。寫小說的人，與虛幻的想像認真，搭建平面的字句捕捉立體的人生。

讀小說或者看電影，都是看著別人的故事，想自己的人生。自己的人生乍看之下彷彿不成章節，仔細一想，挑揀時刻，也會一拍大腿赫然驚覺原來悲劇早有預兆，或者那人那一刻早已燈火闌珊。

我們日夜在自己的小說中行走，恍然未覺。而寫故事的人默默將這些時刻剪裁成段。

這些剪裁成段的故事，讀起來像是公車或者捷運的節奏。我可以想像自己帶著這些故事通勤，去遠方，或者返家。這些時候心事是有的，但被生活的繁瑣嚴密包裹，沈甸甸，密實不透風。但愈是收藏密實的心事，愈是等待被穿透。我於是也可以想像自己坐在某一段飛快後退的市景裡，被某一段故事觸動，皺眉或者微笑。

我在我自己的小說裡讀小說。讀別人的小說，提醒自己原來活在小說裡。這每個小說都不是我，可每個小說裡都有我。

卞之琳的《斷章》說，「你站在牆上看風景／看風景的人在樓上看你」。我想，屆而立，往不惑，生活走到這裡，誰的人生不是如此？故事外有故事，故事裡還有故事，反反覆覆，清清楚楚。

但願心事反覆，然心志清楚。

自序

以身為老妹為榮

「老妹」這個詞，是我們這年紀的女生常見的自稱。

會主動使用老妹來稱呼自己的女性，年齡多半介於二十末到三十初，開始覺得自稱「少女」有點不好意思，但又不認為自己有到「熟女」的程度，所以在兩者之間取出一條灰色地帶，稱為「老妹」，權充做為一個過渡期的代名詞。

細細探索老妹這兩個字，它其實貫穿了兩個反差：「老」，代表年紀大、不討喜；「妹」，代表年輕、貌美與受歡迎。但這兩個天差地遠的字串在一塊兒，就轉變為女人對社會價值的隱含嘲弄。年紀大又如何？在別人拿自己的年紀做文章之前，先一步自我解嘲道：「我就老妹啊，怎樣？」

但我從不覺得老妹是種貶抑的稱呼，相反的，我自稱時總是充滿了驕傲，因為那是對社會僵化價值的調侃，對「重幼輕老」的嘲弄，以及「我不在乎坦白自己年齡，因為我擁有的遠勝過年齡」的霸氣。

那麼回過頭來，「老妹」又是怎麼樣的一群人呢？我同意年齡的劃分其實很淺薄，因為有許多人表示她們才二十出頭，就已經有不少文中的「老妹心境」；或是年齡已經四十多歲，心態卻未完全轉化為熟女，還遊走在少女與熟女之間擺盪。

但總體來說，她們的人生已經走過天之驕女的少女時代，無論自願或非自願，都開始受到社會價值對「三十歲女人」的擠壓。原本的青春無敵被削弱了，責任和義務慢慢加重了。她們被賦予了許多快三十歲的人「應該」要做到的事：比方說拿不錯的薪水、找到對的人準備結婚、找到堅定的人生方向、做完所有想做的事，還有，定下來。

她們像還沒準備好就被迫拿到考卷的學生，一夕之間被要求「轉大人」，開始為了成為大人的一切，經歷種種陣痛與慌亂。

但她們越想應社會的要求定下來，卻發現自己越是對人生感到恐慌。她們常常發現自己不在想要的路上，卻不知道真正想去的是何方？原本信仰單純的童話世界，也在逼近三十歲時逐漸瓦解。她們在很多方面已經開始向社會學習務實，心底卻還沒放棄尋找所謂的夢想。

如果要用一種顏色形容老妹，我會說，她們既不是純粹的白天的白也不是黑夜的黑，而是像黎明或黃昏：介於交界，多變而獨特的色調。她們總是既茫然又堅定，理想又與現實同生，已經無法被推回「少女」的框架，又尚未跟「熟女」同溫層妥協。

老妹世代是失落的世代，是原本被視為一種尷尬的、未完成的世代。但我卻認為，這個世代應該要被獨立出來，被承認、被指認。因為任何「未完成」的狀態都是一種狀態，是尚未被決定未來的狀態，是「可能性」的力量最強大，最有機會扭轉命運，既不是毛蟲也不是蝴蝶，是正在蛻變的蛹，有能量決定自己的未來的特殊世代。

決定書寫《老妹世代》的契機，是因為意識到「老妹」長期夾在少女與熟女的斷層間，常常找不到自己的定位，既自卑又惶恐。為了尋找歸屬感，要不是努力在各方面「保持年輕」以求被少女延長收容，就是認命地快速往熟女靠攏，忽略了這個時期特有的多變與獨特——就像白天急著等天黑，而錯過享受夕陽短暫的美麗，那是多麼可惜的事。

萬物是諸行無常的。少女不會永遠是少女，老妹不會永遠是老妹，熟女有一天也終將老去。但願我筆下對老妹世代的詮釋與捕捉，能讓所有進行式的老妹，更加認出與喜歡上現在的自己。讓所有過去、現在、未來的老妹，都能因為自己可以經歷這個「老妹世代」為榮。

目錄

PART 1

我將寂寞長成一朵溫柔的花

PART

2

在自信的魔鏡之前，我璀璨如星

PART

3

任性，是因為我理直氣壯

PART

1

我將寂寞長成一朵溫柔的花

連脆弱，都一併愛著

那天是西洋情人節。料到路上可能會有點塞車，朱特意加了一會兒班，在七點半的時候才打卡離開。

時間已經不早了，她在公司附近的小麵館吃了一碗陽春麵，一如往常地在菜單上特別註明「小辣」，好讓麵條熱騰騰地端上來時，裡面就浮著切碎的生辣椒。她一向不喜歡過鹹的辣椒醬。

「晚上沒去過節唷？」麵店老闆跟朱已然熟識，打趣地問道，一邊伸手找給她零錢。

「哈哈，又沒有男朋友。」朱嘻嘻地笑一笑，低著頭將零錢收進皮夾裡，默默將拉鍊拉上。

「啊，也對也對，妳們年輕人有想法，不急，緣分遲早會到的。」麵店老闆識相地打著圓場說道：「自己一個人過得快樂比較重要，對吧？」

「真的。」朱點了點頭，轉頭走回座位上，收起錢包，一個人盯著桌面發呆。

其實退休的老爸前幾天，才自作主張地拿著她的照片去相親。「我有個打球認識的朋友，他兒子現在在竹科上班，而且跟妳同年。下周他回台北的時候你們見面聊一聊，認識認識。」說著放下照片，回頭又補了一句：「人家可是條件不錯的，年薪至少也有百萬。他太太我也見過，當她家媳婦鐵定不會虧待妳。妳不要自以為現在不結婚看起來很快樂，再過幾年妳就知道，越老只會越嫁不掉。」

朱默默接過寫了對方名字的照片，心裡卻感到不是滋味。她不介意認識其他男生，卻對這種被當成滯銷品，要向所謂的「潛力買主」

推銷自己的感覺感到反胃。

在朋友眼裡，她是「可以把單身生活過得很好」的女王，自從上次恢復單身後，她把所有的時間和精力都留給自己，自己存錢出國玩、買自己喜歡的時髦衣服穿、周末就在家追劇，或一個人搭車到郊外走走。不用和男友爭吵、沒有妥協彼此未來的困擾，一個人的時候，好心情的時刻多了很多。她把單身的生活過得很精采，許多朋友都爭相效仿，甚至連有伴侶的朋友都羨慕不已。

可是很少人知道，她也會寂寞。

在每年屬於情人的時刻、在每個參加朋友婚禮的時刻、在每次被父母數落「嫁不出去」卻仍然咬著牙逞強的時刻——她還是會寂寞，還是會覺得孤單，還是會羨慕別人可以有情人終成眷屬。

她撐著傘搭上公車，卻在中途下了站，徒步走到大稻埕迪化街。那裡聽說有間很靈驗的城隍廟，拜著撮合眾多姻緣的月老。

來許願與還願的信徒在她身邊來來去去，朱像是沉浸在自己的時空，獨自點起了香，凝望著裊裊升起的煙，閉上眼睛虔誠地默禱：「願得一心人，白首不相離。」

不為人知的真心話：我會寂寞、也會羨慕——但那又何妨？

對於許多老妹而言，「逞強」似乎是活在現實中的必備武裝。她常常無可選擇，必須強悍，就怕身邊的人看不起她的軟弱、同情她的孤單；她的好強讓她無法選擇示弱，只能用每一個片刻盡力證明自己：「我真的過得很好。」

她的確過得很好。那些一個人的日子滋養了她的堅強，獨立的生活還給了她力量。她第一次打從心底意識到自己可以這麼強大、這麼充實、這麼能夠只為自己著想——她是真心地愛著單身的日子。

然而，在這些自由與充滿機會的日子裡，偶然地她也會感到寂寞。羨慕別人孤單時有人可以說、羨慕疲倦的時候有人可以靠、羨慕傷心憤怒的時候，知道打開手機第一個可以傳給誰。

她曾經也害怕面對自己的脆弱。「那是不是代表，我現在的快樂都是一種自我欺騙？」她問自己。但是她慢慢發現，羨慕有伴的人安穩，不代表否定自己的單身。就像有伴的人羨慕她自由一樣，那是一種完全自然的彼此憧憬，並不代表誰比較脆弱。

如果寂寞是正常心理現象，那麼會寂寞又何妨？

她開始學習不再逞強，坦然面對心中隱隱流動的寂寞。因為她知道，即使承認了寂寞，也不會摧毀她對愛情的信仰：她再羨慕別人，也不會屈就於不適合的對象，更不會輕易放下單身的快樂。

情人節，她悄悄地對自己說：「老妹的堅強，就是連自己的脆弱都一併愛著。」

我單身，卻不願意把寂寞交給任何人

「也許明天，我會選擇，自己旅行不輕易戀愛。」——蕭亞軒〈一個人的精彩〉

收錄在蕭亞軒專輯《紅薔薇》裡的主打歌〈一個人的精彩〉，二○○○年紅遍大街小巷，大概是老妹們共同的回憶吧。只是當時自己還是懵懂的少女，卻硬裝起成熟滄桑的腔調跟唱，不明白往後的多少年，要經歷多少人情世故，才能擔當得起那個「拿掉戒指、紮起馬尾，開始不再想你姿態」的老妹。

「一個人的時候，我才學會旅行。」倩說起自己的事。當她還是個少女時，交了人生第一個男友，理所當然地把他當成全世界。「那時候，我要他不管到哪裡都要帶著我。如果不行，也要隨時隨地打電話，讓我知道他有多想我、多愛我，多希望我能參與他眼前的一切。」

她與男友相戀八年，到哪裡都是跟著對方的腳步走，害怕自己一個人落單。她從來沒有自己去過陌生的地方，連大學註冊都是家人載她北上，親眼看著她安頓好一切才離開。在她心底深處，總認為自己什麼都不行，沒有強壯、高大、有方向感、又會開車的男友帶她出去，她自己一個人一定沒辦法去任何地方。

「很難想像，三年前的我是這個樣子吧。」倩幽默地微笑道，很難想像第一次認識她時，她是個輕裝簡囊入住背包客棧的女子，而且轉頭就能跟第一次見面的人談笑風生。

「後來有一天，我跟他吵了一架。那天剛好是尾牙，我喝了一點酒，天氣又冷又下雨，我不想自己搭計程車回家，就打電話要他來載我。他說他還在公司加班，工作很忙沒空理我。我那時還太年輕不懂事，加上又喝了酒，隔著電話跟他吵了起來，大哭大鬧說你一定不愛我了，結果他沉默地聽我鬧了三分鐘，最後只冷冷地說了一句：『我受夠妳的不獨立了。』隨後掛掉電話。隔天，他就沒有再出現過了。」

「八年？就這樣？」

「對，八年，就這樣。」她淡淡地說，眼裡卻沒有一絲惋惜。

一個人的時候，才發現天開地闊

很多老妹第一次單獨旅行，都源自於一次巨大的感情破碎。

在那之前，她不是沒有能力走出去，而是少女的時候，誤以為自己柔弱，總是想依賴比自己獨立而強壯的男人，也太享受對方一手遮天的保護。她還沒見識過自己多能飛，就先在籠中扮演乖巧的金絲雀。久而久之甚至讓她以為，自己本來就不會飛，唯有靠這個男人的餵養，自己才能活下來。

「直到他離開之後，我才發現這個世界有多大。」她說，當時她像失去了全世界，崩潰到整整一個禮拜只吃了幾片吐司，其他時間一吃就吐。朋友看不下去，怕她生出病來，鼓勵她請個幾天假去國外散心。「我那時候想，好吧，既然他都不要我了，我也沒在怕，反正最多流落異鄉，要命就一條。」

她跟公司請了假，開始自己上網搜尋機票、找便宜的民宿，一邊爬旅遊版規畫行程，同時還跑了外交部辦好簽證，連來回的機場接送和旅平險都她一手包辦。

「以前自己都以為沒有他，我不可能辦好這些事。直到做了才發現，這些根本沒有那麼難。」她有些不好意思地吐了吐舌頭：「很感謝他拆了我的籠子。被豢養久了的金絲雀，第一次知道自己也能飛。」

老妹單身，卻不再輕易把寂寞交給任何人。

那次回國之後，她迷上自己一個人旅行。

沒有男友告訴她這次該去哪，她就勤奮地查旅人的遊記；沒有男友開車載她，她就自己半夜上網訂早鳥票；不再有人為她規畫好行程，她就自己上網爬文，甚至乾脆不計畫的拎了包包就走。

「一個人才有這種奢侈。」她笑著說：「現在可以更加任性，因為我想去哪裡，就可以帶自己去；想認識誰，就可以上前去搭話，不用有任何顧忌。」

單身的時候，心裡空著的那一塊，總是在夜深人靜時隱隱約約地啃食自己；但是老妹單身時，卻不再輕易把這樣的寂寞交出去——因為空著的那個位置，也許暫時裝不進任何人，卻可以讓她裝進全世界的自由。

不為難，是我的溫柔

薇今天請了假，下午偷空睡個午覺，準備醒來後出門赴跟男友的約會。

她伸個懶腰，順手拿起手機滑開螢幕，發現一封是男友傳來的訊息：「天啊！怎麼辦？主管下午竟然進辦公室，還召集各部門說要開會！這樣我最快要六點才能走，怎麼辦？」男友字裡行間是滿滿的驚恐與慌亂。

薇錯愕地看著訊息，一時也不知所措。原本今天是他們交往兩周年紀念日，薇特地排了休假，男友則打算提早下班，帶她去吃下午茶慶祝。卻沒想到主管在這節骨眼上召開會議，殺個他措手不及。

薇心裡雖然小小地沮喪了一下，但還是很快地振作起來，拿起手機回道：「沒關係，你先忙吧！我去取消餐廳訂位，你慢慢來。」她放下電話，皺著眉頭慢慢思考著下一步。不過幾分鐘，她就露出釋懷的笑容，開始收起包包，化上美麗的妝，照著原定的時間出門了。

「喂，妳在哪裡？我下班了！」六點剛過，男友馬上打電話來：「剛剛我跟主管說家裡有事要先走，今天要先離開。不好意思，這是我最快下班的時間了，妳想在哪裡吃飯？餓了嗎？」

「你出公司門口以後，右轉直走過馬路，搭電梯到五樓，那裡有一間賣蛋包飯的連鎖店，知道嗎？」薇好整以暇地說道。

「知道啊，怎麼了？」

「我在這裡等你，快來吧！」薇掛上電話，五分鐘後，看到男友氣喘吁吁地推門進來。

「妳怎麼來了？」男友驚訝地說道：「還有，妳確定今天要吃這個嗎？我本來要請妳吃大餐，來這裡會不會太普通？」

「不會啊，有什麼關係，我喜歡蛋包飯啊！」薇笑著說道，把菜單推到他面前：「而且你才剛下班，一定很餓吧，快來點餐！」

男友看著她的笑容，確定她一點都不生氣，才放鬆了下來，招手請來了服務生。

「妳真的好特別。」服務生點完菜收走了菜單，轉身離去。男友溫柔地看著薇說道。

「我今天發現沒辦法準時下班的時候，真的是緊張到冷汗直流。說實話，幾年前我也曾經遇過類似的事。那時候的女友跟我大翻臉，在餐廳咆哮說限我半小時內趕到餐廳，否則要跟我分手。我當時冒著被炒的風險趕到了，卻也在當時的老闆面前黑掉了，所以我今天真的很緊張。」

他對薇感激地說道：「但妳怎麼這麼好，我爽約，妳都不會生氣？」

「交往兩年了，你才知道我是這樣的人嗎？」薇噗哧地笑了起來，伸手向包包拿了禮物，眨眨眼遞給眼前男友道：「我還準備了這個呢，周年快樂！」

少女要你哄她開心，老妹卻希望你能開心

如果跟老妹談過一場戀愛，你會驚訝於她們的體貼與明理。但也許只有她們自己才知道，自己年輕的時候可是比誰都難搞。

老妹年輕時談戀愛，都曾是不可一世的女王或公主：男友要瞻前顧後、伺候得服服貼貼；早安和晚安不可少，出門一通電話要隨傳隨到。情人節、聖誕節、生日與兩人的周年，萬萬不能爽約，送的禮物還得對她的味。

那個時候，她們尚且無法體諒他人的無奈，好像男友不用睡覺、不用過自己的生活、不會有突發狀況，也沒有自己的事情要做。那時

的她們，是感情裡的伸手牌，認為男人要哄自己開心，才能顯示他對感情有誠意。

但老妹在感情中走走停停，也曾經因為霸道而傷害感情。最後她終於能夠明白，向人索取的感情並不是愛情，討來的誠意並不代表真心，而兩人能夠在愛情裡互相體諒與給予，就已經是最大的幸運。

對老妹而言，愛情已經不是一個人的責任，而是兩個人的互相體諒。

她自己也遇過難纏的主管，因此能夠體諒別人工作上的無奈；她自己也曾經忙到忘記回對方訊息，因此不會計較別人已讀不回她的簡訊。

她不為難，是因為她已經不再需要像少女一般，傻傻地壓榨別人的付出，來證明自己很幸福。

「體貼不只是為了別人，也是為了自己。」老妹其實很聰明，情場上走過的那些年，她早已學會用主動的付出，來牢牢鎖住兩人愛情的溫度。

我的體貼，不著痕跡

巧從路邊一間咖啡店走出來，抱著紙袋匆匆地過馬路。眼見時間已晚，她順手招了輛計程車，敏捷地跳上後座，拜託司機往市區的一間ＫＴＶ駛去。

「哈囉我來了！等很久了嗎？」她的朋友們已經先進了包廂，巧一進來就熱情地打招呼，一邊接過遞來的菜單，吆喝著問大家要喝什麼。他們是打從大學就認識的死黨，畢業後轉眼間已過了十餘年，之間有人結婚、有人生子、有人赴美留學復又歸國、有人合夥創業，最近生意正做得火熱。

難得的是，即使各奔東西，他們也還是努力維持一年一聚的傳統，而這次訂了KTV包廂，除了想好好聚一聚，也順便要幫小蔡慶祝三十五歲生日。

「小蔡，恭喜啊！」巧拿起桌上的水杯，先以水代酒敬了今天的壽星：「生日快樂！看你最近很幸福唷！每天都被你女友打卡，臉書都被你的『閃照』洗版了。」

「我剛剛才這樣虧他。」旁邊的死黨拍了拍小蔡揶揄道：「交了個不到二十歲的年輕嫩妹，現在要約喝一杯都約不出來了。每次打給他都說女友會不高興，浪子成了妻管嚴，哈哈。」

小蔡苦笑了起來，端起威士忌回敬，搖搖頭嘆了口氣道：「唉，還是跟老朋友在一起最輕鬆。」

「怎麼啦？幹嘛這麼說？」巧好奇地問道。

「沒有啦，只是忽然感嘆年紀大了，比較喜歡這種慶生方式。」

他搖了搖頭，又拿起酒杯：「別說我抱怨，前幾天她幫我慶生，簡直就是噩夢一場。那天我工作回家已經累壞了，下班只想馬上倒頭就睡。沒想到我女友竟然找了一大群朋友，偷偷躲在家裡，還到處貼滿彩帶氣球和彩色大字報，你知道，就像電影裡演的一樣。」

「我那天一開門，馬上就有個奶油蛋糕砸在我臉上，耳邊聽到『生日快樂！』的時候，我腦中一片空白，說真的，當下只想殺人，一點驚喜也沒有。」小蔡橫眉豎目地描述道，其他死黨則在一旁笑得東倒西歪。

「真是太有畫面了！」死黨們笑得眼淚都快流出來了：「結果呢？後來你怎麼樣？」

「怎麼樣？」小蔡沒好氣地說道：「她那群朋友把我家當舞廳，狂歡到鄰居都來按電鈴。我最後真的頭痛到受不了，說謝謝他們的好意，但我真的需要休息，請他們東西收收回去。結果女友還和我賭氣，說我在掃大家的興，他們也是希望我開心才來的，我當下差點想連她也趕出去。」

「唉呀，年輕女生都是愛玩的。我以前也是這樣幫人慶生，現在想起來還覺得丟臉哩！」巧自我解嘲地笑著，一邊勸著小蔡道：「好了，別生氣了，看我還幫你帶了禮物來。平常看你臉書經常會分享咖啡知識，我朋友開的咖啡店剛好進了一批莊園級咖啡豆，我先帶半磅給你嘗嘗看，喜歡再跟我說。」

「真的很謝謝妳。」小蔡一臉感激地接過，湊在手上聞了聞，又悻悻然地說道：「你們知道她送我的禮物是什麼嗎——印著我們兩個親密照的抱枕。」

老妹的體貼像細雨：滋潤但不著痕跡

如果體貼一個人的方式像下雨，那麼少女的體貼大概就像猛烈的豪雨，而老妹，則是潤物細無聲的春雨吧。

女人無論是對朋友或愛人，總有想要照顧人的心意，但在少不更事的年紀，對人好的方式卻會讓人頭疼。她們傾向用自己的方式對別人好，以為自己喜歡，理所當然別人也會喜歡，然而一意孤行的下場卻經常讓人尷尬，甚至引起爭端，事後又委屈得認為吃力不討好。

老妹的體貼卻像是春天的細雨，靜靜地落在乾涸的土地上，無聲無息地滋養。

老妹的體貼是見過世面的。她知道自己喜歡的，別人未必中意；有些東西自認不重要，別人卻可能視若珍寶。**她的體貼，不是急著把心意交出去，而是細心地觀察，再將人周到地捧在手心裡。**

她對重視的朋友都這樣：送禮不招搖，如果她不知道你喜歡什麼，情願親手寫一張小卡片。如果她偷偷注意到好姐妹生理期，一定會主動幫她點飲料要去冰；吃飯時也不搶著替你夾菜，卻會在你滴到湯汁時，馬上把面紙塞到你的手心。

老妹的體貼，從不大張旗鼓。她的愛就像在冬天偷牽你的手，雖然外表難以察覺，但你一定感覺得到她的溫度。

30歲：開始跟家人和解的年紀

丁提著大包小包下了客運。她在等車的地方拉長脖子，東張西望，卻沒看到說好要來接她的爸爸。

她已經打了幾通電話，卻都轉接語音信箱。「奇怪，難道忘記了？」她心裡焦慮又擔憂，又再打了幾通電話，在候車區等了快半個小時，才自己招了計程車回家。

「會不會出了什麼事？」她憂心忡忡，下了車，馬上往家裡奔跑，氣喘吁吁地掏出鑰匙，一把門打開，馬上朝家裡大喊：「有人在嗎？」

她聽見廚房裡傳來炒菜的聲音，以及巨大的收音機聲。「有人在嗎？」聽到聲音，丁稍微安心一點，但還是三步併作兩步地走到廚房門口：「媽？」

「喔！妳回來了啊？」媽媽見到她很高興，放下手下的鍋鏟跑來抱她：「怎麼比想像中還久？妳爸呢？」

「根本沒人來接我啊！」丁剛放下心中一塊石頭，怒火隨即湧上來：「我打了快十幾通電話給你們兩個，都沒人接，我在客運站等了半個小時，都快被你們急死了，到底在幹嘛？」

「我在炒菜沒聽到啊！」媽媽音量也提高了起來：「想說妳回來這麼晚了沒飯吃，趕快把菜炒一炒，妳那麼大聲幹嘛？妳爸呢？他人在哪？」

「我怎麼知道！妳問他啊！」丁氣憤地把包包拎起來，轉頭就要回房間。

這時候，大門有人轉動了鑰匙，開了門進來。「你去哪裡了？」

媽媽氣急敗壞地對剛進門的爸爸吼道：「你女兒說在客運站沒看到你，我不是說下班就要去接她嗎？結果她說等半小時，你是去哪了？」

「我也在那邊等了半小時啊！」爸爸也皺著眉頭說道：「還想說怎麼這麼久都沒看到人，所以就先回來看看。剛好手機也沒電了。」

「什麼？手機沒電？」媽媽氣急敗壞地準備開罵，卻在這時候爐火傳來一陣不妙的滋滋聲。顧不得吵架，媽媽趕緊鑽回廚房裡關了爐火，手忙腳亂地收拾殘局。

丁原本心裡有氣，但看到家人都安然無恙，心中的氣也消了一半。她平日在外縣市工作，已經半年沒回家了，為了小事跟家人吵起來，她也不願意。

「我的蕃茄炒蛋都燒焦了啦，都是你們害的！」媽媽依舊在外頭嚷嚷，氣沖沖地端著一盤焦黑的菜走出來，砰地一聲放在桌上，「你剛剛說你手機沒電是怎麼回事？不知道晚上要接女兒嗎？」

「媽，沒關係啦。」丁走到餐桌前，看著那盤炒焦的蕃茄炒蛋，還是深吸一口氣，拉椅子坐了下來：「把焦的地方挑掉就好啦！還是很好吃的。」

媽媽悶不吭聲地添了飯給她，丁一邊勸道：「媽，我剛剛生氣只是因為怕你們出事，不是在怪你們。爸也不是忘記來接，只是碰巧手機沒電找不到人；妳也不是故意不接我電話，是剛好在做菜。反正大家都不是故意的，現在又平平安安在家，不是該開心嗎？」

媽媽盯著她半晌，突然嘆了口氣。「妳長大了。」她餘怒漸消，眼裡帶著溫柔：「以前妳會氣到連飯都不吃，現在還會跟我講道理。什麼時候開始，妳變得不一樣了？」

30歲，我開始回頭跟家人和解

傳統文化要求「孝順」，但我卻認為，過分強調孝順與服從，反而是小孩與父母鬧彆扭的起點。

因為「孝順」，所以不能對長輩生氣；因為「服從」，所以長輩說什麼都要聽；因為「聽話」的小孩有糖吃，所以即使有什麼不情願，也只能用冷戰彆扭抗議。

她們不開心的時候，慣用的伎倆就是：不說話、不吃飯、迴避視線，嘴巴閉得死緊，也不肯好好坐下來談談。但她們不是因為不想談，而是因為，在那個年紀，說了也沒人要聽。

但是老妹無論在經歷或年紀，都已經是成熟的大人。她心態上已經不把自己當孩子，而是可以跟長輩對等溝通的成年人。

很多老妹在年近三十歲，會開始跟有心結的家人逐漸和解。也許是因為心態成熟了，也許是身邊有人結婚生子，開始理解父母的難為；也許是在每一次回家，都發現父母也逐漸老了，而她不想再等。

她們原本有事會悶在心裡不說，現在卻會慢慢練習跟父母坐下來好好地說。原本不開心會鬧彆扭，現在卻會換位思考，甚至反過來幫對方說話；原本跟家人在一起會渾身不自在，現在卻會想辦法排假，帶爸媽去想去的地方，還專門幫忙拍照打卡。

「不是不想趁早，而是現在才剛剛好。」開始跟家人和解的老妹，感嘆地說道：「感謝這個年紀的身心和經歷，讓我有能力重新愛上我的家人。」

不只是工作，我還加了點溫柔

星期五的午後，夕陽西斜。工作忙了一個段落的芸，終於有空坐回辦公室的位子上，心中感到有些閒散與慵懶。

剛外送來的手搖飲料，是她最喜歡的梅子綠，而隔壁部門的同事剛從北海道回來，知道芸平常最愛吃甜點，順手多塞了兩包白色戀人給她。她放下滑鼠，揉揉眼睛，正想要拿起一包來拆封，卻馬上被急促的電話聲打斷。

「你好！」她接起電話，用親切的口吻應答。

「我剛剛收到你們要更改訂單的通知了。」對方是合作廠商的窗口，平日裡她們關係還不錯，現在對方卻聽起來氣急敗壞：「你們公司真的是很莫名其妙！原本已經訂好的規格又要改，現在工廠的生產線全部都要重新來過，是當我們吃飽太閒嗎？」

「啊！不是這樣的，真的很不好意思。」芸也是早上才被上級緊急通知處理這件事，她對廠商感到很抱歉，但卻也無可奈何：「早上本來想打電話親自跟妳說，但是妳同事說妳休假去過生日了，所以我就先交代妳的代理人——」

「過什麼生日？被你們這樣亂改訂單，不趕回來處理行嗎？」業務怒氣沖沖地吼道：「下次再這樣給我搞，我們公司以後不出你們的貨了！訂單退給你們！」說完喀地一聲掛掉電話，只留芸拿著電話一臉錯愕。

「是那個窗口嗎？」旁邊的資深前輩見到芸一臉沮喪，只淡淡地對她說道：「別理她，解決客戶要求，本來就是廠商的工作，叫她自己去想辦法。」

「話是沒錯，可是……」芸悶悶不樂地掛上電話，想說什麼，卻又欲言又止。

她心裡明白這是她的工作，她只有義務扮演好公司的角色。她也知道，自己只是整個產業裡的一顆小小螺絲釘，即使她再不樂意，也沒辦法違抗上級的決定。

「可是我覺得，工作不是只有這樣。」她把這句話吞回肚裡，默默地伸手拿起剛剛的白色戀人，打算吃點零食來解悶。

突然這時候，她靈機一動，放下手中的點心，跑去寄件箱拿回要寄給那位廠商窗口的樣品。她拿起桌上的奇異筆，在一包包裝外頭，用娟秀的字跡寫道：「辛苦妳了，謝謝」，再用花體字在另一包畫上「生日快樂」的圖樣。她把餅乾偷偷塞進包裹，再細心地封好，讓快遞來收件。

她坐回位子上，沒人看見她浮起的淡淡微笑。那只是她一點小小的心意，卻讓她開始相信，人生有時候不是沒辦法過得好，而是有沒有花心思去對別人好。

那天晚上她準時下班，就在她關上電腦的前一刻，信箱裡傳來一封只給她一個人的新郵件：「我收到小禮物了，謝謝。」

老妹哲學：為日復一日的生活，加進一點點的溫柔

每個人在職場上賣命，領著一份薪水，難免要碰上許多不得已。有時候是自己委屈，有時候是不得不讓別人委屈；有時候是自己得咬牙吃點虧，有時候卻是不管自己願不願意，也得叫人把虧吃下去。

老妹也是一樣。從前她還是菜鳥的時候，也常被人呼來喝去，她得學著看人臉色，學習對必要的人卑躬屈膝，學習吞下別人對她的強硬。

但是當她逐漸在職場熬出頭，也慢慢成為別人的前輩，老妹的心

裡還藏著一抹不服氣的溫柔。她還記得，自己曾經在職場上受的委屈，吞下別人的強硬，還被冷冷地丟下一句「這是妳的工作」。因此她很早就暗暗下定決心，只要有能力，她不想成為那樣的自己。

老妹對「工作不就是這樣」不服氣，也不願意服氣。**因此當她開始有能力，她工作就不只是在工作，還學會為工作加一點點溫柔。**

她對主管和屬下其實一樣客氣，對新人也一樣會說「請」和「謝謝你」。如果她無法改變上級的一意孤行，在轉達命令時，她也會學著修飾成柔軟的詞語。別人在工作上遇到困難，她也不會立刻用「這是他的事」來冷酷地推開，而是幫得上忙她就盡力分擔，幫不上忙的，她也不吝給予一點小小支持與溫暖。

「即使是日復一日的工作，也要加入一點點的不服氣的溫柔。」職場上的老妹這麼說，因為她知道，自己曾經需要那樣的溫柔。現在換她站上這個位子，她也認真記得，要給予別人一點點這樣的溫柔。

老妹的閨蜜，是她自己

剛下過雨的傍晚，天氣還有點陰沉，明收起摺疊傘，抖抖傘上的雨珠，疲累地走進咖啡店內，找個靠窗的座位坐下。

服務生為她送上一杯白開水，上面還漂著新鮮的檸檬果粒：「需要點什麼呢？」明有氣無力地翻著菜單，最後終於在某一頁停了下來，指著上面寫道：「一杯威士忌巧克力。」

「好，待會為您送上。」服務生收起菜單，禮貌地點了點頭離去。明打開手機確認一下訊息，隨即把手機丟進包包，想了想，又從裡面摸出一本筆記本，以及隨身攜帶的鋼筆，一併攤開放在桌上。

服務生為她送上巧克力，她點頭稱謝。服務生轉身離去，她拿起鋼筆在紙頁上，開始寫下自己剛剛拜訪客戶受的挫敗與心情。

「我心情很不好……」她在筆記本上認真地寫著，一字一句，就像在跟一位知心密友對話：「剛剛在客戶面前表現很差，被當眾酸了一頓，我覺得很難受。他們又何必這樣呢？就算我表現不好，也不需要羞辱人啊，氣到想乾脆辭職算了……」

她寫得很認真，沒注意到隔壁桌來了一對女高中生。她們點了珍珠奶茶和一杯不知名的藍色氣泡飲料，其中一位則迫不及待地發起牢騷，抱怨著老師今天沒收她的手機，只因為她上課時忘記關靜音。下課還她手機的時候，老師還當著全班的面警告她：「下次再忘記關機，就當著全班的面念妳的訊息。」

「那個該死的歐巴桑！」被沒收手機的女學生暴躁地攪動冰塊，玻璃杯裡的藍色液體跟著高速旋轉起來：「她以為我怕她嗎？念就念啊！馬的，她根本就是看我不順眼故意找我麻煩，王八蛋！」

「上課開震動這是基本常識好嗎。」她的朋友撥了撥頭髮，撇著嘴高傲地說道：「自己要忘記的，怪誰呢？有還妳就很客氣了吧！」

「我就不信課堂上只有我忘記關手機！我只是比較倒楣而已，她幹嘛針對我？」女學生氣呼呼地說道：「奇怪耶，妳幹嘛幫那個歐巴桑講話，妳到底站在誰這邊啊？」

「我只是對事不對人，這件事本來就是妳的錯。」朋友好整以暇地喝了自己的珍珠奶茶，對她翻了個白眼：「不然我應該跟妳說，對啊，忘記關靜音真倒楣，都是那個老太婆的錯，妳好棒棒？我是在好心提醒妳注意喔！」

感受到隔壁桌微妙的劍拔弩張，明終於回過神來，抬起頭瞥了她們一眼：被沒收手機的女孩一臉委屈與彆扭，而那個「好心提醒」她的朋友則一臉不悅。兩個人都不吭聲，安靜得跟明這桌一樣。

不，其實氣氛不一樣。明低頭看著剛寫滿的筆記本，滿滿的字跡是她剛剛在客戶那受的委屈，紙頁承載著她所有的情緒，但絕不回嘴，而且嚴守秘密。

她大口地喝下還冒著熱氣的威士忌巧克力，闔上筆記本。她的心情覺得好多了，就像剛剛被風吹散一地的心情，都被一張張地收拾起來。

她拿起帳單到櫃檯結帳，神清氣爽地擦身而過的時候，那兩位女高中生，還兀自隔著玻璃杯嘔氣。

老妹明白：真正的閨蜜，只有自己

老妹的心事，很少有人知道。

她們不像年輕女孩，有煩惱就忙著找人訴苦。只要有人願意坐下來，她們就忙著把人當閨蜜，心事都一股腦兒地說給對方聽。

她們還沒有在友情上受過挫，也還沒領會「逢人只說三分話」的真諦，有時候不是別人有意，但洩漏太多自己的秘密，往往只落給人家把柄；有時候即使別人願意保密，卻也不能明白妳受的委屈，總會想要站在不中聽的對立面教訓妳。

老妹在友情路上也磕磕碰碰，她明白有時候知己難尋，真正的閨蜜只有自己。

於是老妹很少再對朋友說太多，大部分的時候，她只跟自己慢慢消磨：她的日記收納她的憤怒與委屈、她養的貓傾聽她單戀的秘密、深夜裡的熱可可安撫她一顆碎裂的心，而一杯酒櫃裡倒出來的威士忌，則傾倒她工作苦悶的心情。

老妹不再輕易跟人說心事，但她不覺得這有什麼不好。

「心事只有跟對的人說才能減半，不然只會造成更多的麻煩。」

她說：「老妹認清，成熟是找對的地方，好好收納自己的心情。」

我不是勝利組，只是妳以為我是

琦在這間公司，剛待滿四年零九個月，會算得這麼清楚，是因為她正在氣憤地寫履歷。

這已經不是她第一次想離職了。之前和主管不和、或公司的年終給得太差，都曾讓她氣到想打開人力銀行網頁，而有些比較識時務者為俊傑的同事，則老早都跳槽到更好的地方去了。

但她還是遲遲沒有離開。平心而論，在這間半大不小的新創公司，琦其實算混得不錯：她有相關的產業背景，公司高層很倚重她，待遇也還算可以。但是工作總不會事事盡如人意，每當她瘋狂加班到深夜，或是當她拒絕客人莫名其妙的要求，主管卻斥責她工作不力時，她都忍不住氣到想回家寫辭呈。但就在這樣一來一往的磨損之間，她也漸漸開始麻木了，而四年零九個月，也就這樣不知不覺地流逝。

琦這次好不容易把新的履歷表上傳到網頁，一邊開始一頁頁地瀏覽媒合的工作。開始時她是賭氣的，一想到公司今年又宣布不會加薪，積累一年的憤怒又再度爆發。「不給公司一點警惕，他們不知道怕。」她這樣想著，一邊按著滑鼠鍵。然而就在她一頁一頁的滑過工作，憤怒逐漸消退的同時，卻發現有一股隱隱約約的恐懼越來越浮上檯面。

「我發現我根本不知道自己想要什麼。」她心底浮現了這個聲音。

她本來期待著這次離職，要好好找一份「想做的工作」，而不只是「混口飯吃」。她覺得自己受夠了，在這份爛缺上蹉跎到三十出頭，「至少這次也讓我做點想做的事吧！」她想。可是到了此刻她才發現，即使履歷表上有著高等學歷、十年的實務經歷，卻沒辦法換來一個「她想要」的未來——因為，她根本不知道自己「要什麼」。

她把人力銀行網站一頁一頁的翻過，卻沒有一個職缺吸引她到願意點進去。她的手心開始冒汗，甚至覺得自己比剛畢業的時候還要徬徨。那時候的她，還被社會允許到處闖蕩、任性嘗試，反正「年輕人有的是時間」。就算跳進了不喜歡的領域，還可以說自己是在磨練。

可是現在的她，即使再怎麼不願意，卻也不得不正視職場上，對於三十幾歲才換工作的人不再寬容。二十幾歲時，她在哪裡都可以理直氣壯地當個新人，傻乎乎地請教前輩，再慌慌張張地抄筆記。然而三十歲後，轉職已經不能再是兒戲。她必須要先做決定：要放棄原本工作上打下的江山，在新公司從零開始？如果新工作無法給她管理職，她願不願意從基層打拚？

相較之下，煩惱怎麼打入全新的生活環境、新主管和同事是否合意，都是雞毛蒜皮的小事——三十幾歲的女人心中，徘徊不去的恐懼，其實最終是那句話：「我不知道自己要什麼。」

別叫我勝利組：妳只是以為我是

張愛玲有一句流傳甚廣的名言：「生命是一襲華美的袍子，爬滿了蚤子。」這句話對看似正處於人生巔峰、實則經常被徬徨咬齧的老妹來說，卻是再貼切不過的描繪了。

很少人聽到「徬徨」這兩個字會聯想到老妹。開玩笑，她們平時可是職場的生力軍、能文能武、能幹能闖、可以跟男人爭取同一個職位，講起專業來也絲毫不遜色。

她們很多要不是已經升上小主管，就是公司準備重用的人才，老妹花在工作上的時間，也常常是她們人生中的第一名。旁人眼中的老妹，好像都知道自己要什麼、總是能夠奮力一搏拿到自己想要的。

「徬徨」和「迷惘」這兩個詞彙，好像與她們絲毫沒有關聯。

然而，正因為處於「看似」人生的巔峰，才讓老妹心中更加的徬徨：

「所以我的人生就這樣了嗎？」

「事到如今，好像已經沒有退路了？」

「現在做的工作好像不是我想做的，可是我沒有勇氣放棄。」

「我不敢放掉一份穩定的經濟來源。」

「所以到頭來，我的人生就只能這樣了嗎？」

她們不斷地在重複的問題迴圈中打轉，不知道該選擇掙扎還是放棄。外表看起來，老妹還是如你所見的意氣風發、在職場上不可一世、步步攀向巔峰。

然而實際上，她們卻往往是披著千瘡百孔的華美袍子，在你看不見的時候，才能悄悄地問自己一句：「好想知道，我要的，到底是什麼？」

與子偕老，才是我的童話

琬在手術恢復室醒來，頭還覺得昏昏沉沉，身上的棉被似乎不夠厚，渾身冷得發抖。

她剛動完一個門診小手術，雖然不是什麼大病，但需要全身麻醉。因此她今天特地跟公司請了假，由退休的爸爸陪著，一大早就來醫院報到。

琬的爸爸被護理師請了進來，一臉憂心忡忡，提著大包小包的手還抓著幾張收據。「現在覺得怎麼樣？」爸爸一看到她，就關心地問道。

「傷口好痛，渾身都不舒服。醫生有說可以回家了嗎？」琬在床上皺著眉頭扭動身體，試圖找出一個比較舒適的姿勢。「差不多了，等妳覺得好一點就可以回家了。」爸爸溫和地說道：「待會回家煮鱸魚湯給妳喝，傷口恢復比較快。要不要先把手術服換下來？」

她點了點頭。等爸爸走出布簾，她一件一件從衣物袋裡取出衣服，再用虛弱的雙手逐一套上。

「啊妳現在感覺怎麼樣？」隔壁布簾的病床，傳來一個粗啞的聲音，聽聲音是一位上了年紀的老先生。

「哪有能怎樣？就痛啊！又不是第一次開刀。」回答的是他太太，唉聲嘆氣地抱怨道：「真的是喔！這樣一開下去，又一個禮拜不能做事了，家裡地都沒人拖，飯都沒人煮，下禮拜孫子幼稚園下課，我還在煩惱要怎麼去接……」

「這妳免煩惱啦！」老先生粗聲粗氣地說道：「飯就我做啊！衣服隨便穿穿就好，一個禮拜不洗又不會怎樣。阿弟那邊我會跟幼稚園老師講，叫他們幫忙多帶一小時，我叫他們爸媽下班自己去接。」

「講都是很會講啦！誰敢吃你做的菜！我看還是你去市場買現成的回來，我們隨便吃吃算了，不然已經開了刀還要吃你做的菜，我也太歹命。」虛弱的太太像是在跟老先生嗆聲，口氣裡卻聽得出笑意。

琬不知道為什麼一眨眼就紅了眼眶。她匆匆地把衣服穿上，掙扎著下了床。「爸，換好了，我們回家吧。」她踩在地上的一刻還差點站不穩，趕緊抓住床緣穩住身體。

他們坐上計程車回到家，爸爸馬上進廚房為她張羅午餐，琬一個人躺在床上，麻藥退了之後的傷口，開始隱隱約約地抽痛。

雖然只是微不足道的小手術，但其實對病人來說，無論手術大小，心裡都是充滿恐懼與脆弱的。她還記得剛從麻醉中清醒時，四周充滿陌生的聲音、腳步與儀器聲；她還記得爸爸走出布簾，她一個人吃力地換衣服時，隔壁病床老夫老妻傳過來的拌嘴聲。

「等我老了以後，會不會也孤單地一個人進醫院呢……」她在腦中胡思亂想著，想到自己單身，想到自己從來沒有遇過對的人，忽然羨慕起那對老夫老妻。

雖然他們生活中可能毫無情趣，也沒有溫柔的呢喃綺語，但是在最脆弱無依的時候，他們會知道有人對自己不離不棄。

琬看著天花板的吊燈，眼淚又逐漸掉了下來……

「與子偕老」的浪漫，才是老妹的童話

如果問起「浪漫」兩個字，少女和老妹的定義，會有大大的不同。

少女的愛情和人生才剛開始，她的浪漫是屬於偶像劇的：彈吉他、送大束玫瑰花、在大庭廣眾下高喊「我愛你」，或是睡前捨不得說晚安的甜言蜜語。她們人生還沒經歷太多苦澀，愛情也還是珍奶全糖的滋味。少女的浪漫不屬於人間，甚至覺得「老夫老妻」的愛情相

當無趣。

但是老妹的人生已經夠長，長到能經歷悲歡離合，甚至接近過生老病死。

老妹開始知道，乾柴烈火的愛情太容易，難的卻是牽著對方的手一步一步走下去。她也不再羨慕偶像劇，而是憧憬能夠與子偕老的感情。

她眼中的老夫老妻，也許沒有光鮮時髦的外表，也沒辦法跑到遙遠的國家打卡拍照；可是他們的柴米油鹽裡有對方的身影，知道脆弱無依時有人不離不棄；他們知道平常不管再怎麼吵，只要其中有一個人需要，另一方一定第一個趕到。對經歷太多的老妹來說，這才是她心中最渴求的童話。

「老妹的年紀，已經不憧憬騎士和公主的感情。」她說：「能夠找到一個執子之手，與子偕老的對象，才是我心中奢求的憧憬。」

在旅行之後，我看見自己的寂寞

「我明天開始一個禮拜不在喔！」雅關上電腦，神氣活現地對同事說道：「我要去日本自助旅行五天四夜，而且我・絕・不・接・電・話！」

「知道啦！今天已經講第三次了。」同事又好氣又好笑地說道：「反正妳該交代的都交代完了吧，沒事不會找妳，好好享受，掰！」

這不是雅第一次出國，卻是她第一次自己一個人出國。半年前在網路上看到促銷機票，她只猶豫一下，就訂了。沒揪伴、沒找人，想著一口氣請完年假，試試看生平第一次一個人旅行。

她花了一個月的時間到處找資料，訂旅館，查好想吃的美食，還列了長長的待買清單。出發前一天晚上，雅拖出塵封已久的行李箱，放進滿滿的衣物化妝品、路上吃的零食，還不忘帶一枝新買的自拍棒，以及一張能在日本用的SIM卡。

護照檢查好、機票確認完畢，雅前一天晚上興奮到睡不好，第二天鬧鐘一響，馬上就一躍而起準備出發。兩小時後她到了機場，連行李都沒掛，馬上就先掏出自拍棒拍了兩張，一邊排隊一邊打卡：「享受吧！一個人的旅行！」她在相片上寫道，地點標註「桃園機場」，然後心滿意足地收起手機。

飛機降落到了日本，雅迫不及待地換上新的SIM卡，一邊連上網路，一邊瀏覽著剛剛收到的按讚和留言：「哇，好羨慕！」、「一路順風！」、「要去哪裡？」、「帶紀念品回來！」她得意地對著鏡頭又自拍了幾張，順手發給聊天群組裡的好朋友，才一邊拖著剛領的行李走出機場。

雅把想去的地方排得很滿。中午先去有名的拉麵店排隊，下午再去吃隱藏版甜點，中間空檔還想逛便宜的藥妝店，還有一間神社離她住的飯店不遠，她也想去那裡好好地求支籤。她一路上不斷地跟朋友報告自己的行程，有幾次還差點撞到路人，因為她正一邊走路，一邊在用美肌ＡＰＰ修圖。

「妳真的有好好度假嗎？」她的同事晚上敲她，就在她剛上傳一張夜景配美酒之後：「今天一整天都看到妳在傳照片，我都以為妳人還在臺灣呢。」

雅愣了一下，回傳道：「什麼意思？」

「沒有啦！妳不是說妳出國不接電話嗎？」同事解釋道：「我還以為妳想關機，好好享受一個人的清靜哩。」

「我本來是這麼打算的呀。」雅愣了一下，這才放下手機，茫然地望向眼前的夜景。

「我出國，只是為了換個地方打卡拍照嗎？」她沉思了一會兒，接著把手機放進包包，決心今晚不要再把手機拿出來。「從現在開始，我要好好享受一個人的旅行！」雅這樣對自己堅定地說道。

然而，當時間一分一秒過去，雅卻一點一滴開始恐慌，因為這一刻，她才開始感受到，原來一個人的時間是這麼難熬。

旅行之後，我才發現自己很寂寞

在許多人眼中，老妹都具備一種特殊能力，就是「一個人旅行」。

少女時期對於旅行的記憶，不是校外教學就是畢業旅行，因此對於「一個人旅行」不只是沒經驗，腦中更是概念模糊。

在《享受吧！一個人的旅行》電影爆紅之後，世界各地吹起了「背包客」風。自助旅行不但成了一種新時尚，單身女子的旅行更是蔚為風潮，只要有錢有時間，護照機票一辦，女性一個人拖著行李箱出入各國海關，早已不是什麼新鮮事，甚至另類地成了「獨立」的精神標誌。

然而，「獨處」這項藝術，卻是需要長期練習的。它不是靠一卡皮箱和一個人，就能馬上扮演好的一種角色。

老妹在獨自旅行的時候經常發現，她已經有能力帶自己出走，能用流利的外語跟當地人溝通，卻沒辦法馬上克服一個人的寂寞。她經常放不下手機，走到哪裡都急著打卡證明，一有訊息就馬上回應，只怕沒人知道她在「享受旅行」。

她有時候甚至懷疑，自己到底是真的獨立，還是想靠「一個人旅行」證明自己獨立？自己到底是真的享受旅行，還是只是靠旅行來逃避寂寞的心？

老妹感到徬徨，擔心自己沒有想像中的獨立，又害怕自己沒有成為心目中勇敢的典範。

不過，即使是這樣也沒有關係。老妹在徬徨思索之後，最終還是輕輕地放下。

即使還會寂寞，但老妹和少女最大的不同，就是她最終知道：**寂寞也是一種過程，跟旅行一樣值得好好享受。**

我的價值觀，不再非黑即白

姿收到一封系統通知信，提醒她閒置的部落格帳號，已經太久沒登入。

那是她很久以前為了抒發心事，所開的一個秘密空間。原本收到這種信，她都會二話不說直接刪除，今天卻忽然福至心靈，好奇地點著滑鼠，登入那許久沒開的網頁。

「什麼，我竟然大學就開始寫部落格了啊……」姿看著七八年前的文章，為自己稚拙的文筆發笑。裡面還記錄著當時跟男友吵架，大三微積分差點被當，以及第一次出國的各種流水帳，直到她滑過其中一則，標題寫著「絕交」。

姿一時反應不過來，想不起是什麼事讓她用了這麼強烈的字眼，於是馬上點開了那則網誌。

「真是看錯人了！沒想到我三年的朋友是這種垃圾！」第一句蹦入眼簾的，就是這種強烈的措辭：「上週我看到朋友在校外，跟一個不是男友的人牽手走在一起。她發現我朝他們走來，馬上嚇得趕快甩掉離開。結果我今天終於堵到她了，她終於承認她劈腿，還拚命拜託我，叫我不要跟她在國外讀書的男友說。」

「X！我生平最恨的就是腳踏兩條船！要我保密？好啊可以，但是這種人不配當我朋友！」隔著螢幕與七年的時光，姿還感受得到當時自己深深的憤怒與恨意，震得她頭皮發麻：「我當場就跟她說，好，看在交情的份上，我可以幫妳保密，但是我們三年的友情也到此為止了，再見！」

句子在這裡畫下句點，沒有交代更多的細節，但是姿卻還記得，當時自己傲慢地甩頭就走，也立刻封鎖對方所有的聯絡方式，連在教室遇到都裝不認識。當時好幾個朋友還頻頻追問她們是怎麼回事，姿卻總是冷冷地端起姿態，一言不發。

她記得當時自己做過的事，也記得當時對方羞愧得無地自容的眼神，卻怎麼也想不起當時為什麼這麼生氣。

對啊，她腳踏兩條船，那又怎麼樣？姿現在已經知道，劈腿這件事，也不見得就是一方的錯，很可能是雙方的感情早就出了問題。她一個局外人，憑什麼單方面地指責是朋友不對？

況且退一步說，她背叛的是男友，又不是背叛她，她憑什麼自以為道德魔人，大剌剌地宣布要跟朋友絕交？

她羞慚地回想當時的自以為是，一邊默默地想著：這麼多年了，她還記得我嗎？她馬上打開了視窗，在臉書搜尋欄內打上對方的名字。結果半秒鐘之後，系統馬上搜尋出對方的照片：她的臉幾乎沒變，換了副眼鏡，化了妝，穿著洋裝的她，看起來變得更成熟了點。

姿想了一想，戰戰兢兢地按了「加朋友」，沒想到過不到幾分鐘，對方馬上回覆同意了她的邀請。

「哈囉，好久不見，我是姿。最近好嗎？」她忐忑不安地打開對話框，寫下七年以來第一句話：「那個，很久沒聯絡了。我是想告訴妳，關於七年前的事，我很抱歉……」

我的價值觀，不再非黑即白

女孩年輕的時候，不知道從哪攬來這麼多自以為是的價值觀。非善即惡、非黑即白，或許是尚在叛逆期的尾巴，又或亟欲彰顯自己的價值信仰。女孩還不懂得什麼是包容，也還沒學會理解，遇事又只會看表面，於是總忙著選邊站，卻又不小心傷了人。

然而在非黑即白的世界好幾年，老妹逐漸經歷了許多事，也開始走過了許多無奈。有時候是她對了、有時候她也錯了，她指責過別人，也咬牙挨過別人的不諒解。她開始發現，有時候對的人不一定站得住腳，錯的人也不是真有那麼糟。人能夠狂妄地指手畫腳，有時候只是因為還沒遇到，如果哪天換成自己站在對方的位置，或許會處理得比對方還糟。

老妹在多年之後，還是保有自己的價值觀，只是她的界線不再非黑即白。

她遇到事情還是自有分寸，只是不再拿自己的分寸教訓別人。別人得罪了她，她懂得警告和自我保護；如果別人得罪的不是她，她頂多提醒兩句，卻也不再橫加干預。

「即使不能原諒別人的立場，至少也要體諒他人的無奈。」老妹拿這樣的話勉勵自己。人生的路難走，就算彼此的道路不同，也希望自己能對有緣遇見的人多一點溫柔。

那些曾經的過錯，成就現在的我

萱坐在客廳裡，默默地聽著眼前的小女生哭訴。

「我昨天跟男友吵架了，現在暫時又算分手了。」小女生一把鼻涕、一把眼淚地說道：「其實我覺得我是愛他的，可是這樣一直吵架，我也累了。所以昨天他提分手，我雖然難過，但還是先說好。」

小女生其實是妹妹的死黨，萱只見過她來家裡幾次，但交集僅止於打招呼。妹妹說她最近跟男友分分合合，狀況非常不好，自己勸不動，於是拜託「感情經驗豐富」的姐姐陪她聊聊，至少聽聽她說話也好。

「我明白了。這次分手，有什麼特別的原因嗎？」萱抽了一張衛生紙，溫柔地遞給她。

「嗯……這……」小女生抿著嘴唇，忽然言詞閃爍，吞吞吐吐地說道：「其實……我一直沒跟妳妹妹說實話，妳別告訴她，她只知道我和男友個性不合，才經常吵架。不過真正的原因是，我去年因為無聊上網認識朋友，後來認識一個男生，聊得還算愉快，我……我其實算是有點喜歡他，每天我們都會聊天，還跟他單獨出去過幾次。」

她不安地抬頭看了一眼，見萱神色坦然而理解地傾聽，才繼續說下去：「我男友知道以後非常生氣，當時我跟他拚命保證我們之間沒什麼，才算勉強和好。可是之後他就變得疑神疑鬼，會查我電腦，只要發現我又跟男網友聯絡，馬上就會大發雷霆。」

「嗯，既然妳說有點喜歡男網友，為什麼不乾脆分手跟他在一起，要這樣躲躲藏藏呢？」萱好奇地問道。

「可是……可是我男友對我很好……」小女生怯生生地說道：

「他對我非常體貼包容，我害怕以後遇不到這麼好的人了，所以真要分手，我其實也會捨不得……」

萱點了點頭，看著眼前剛滿二十歲的小女生哭哭啼啼，不禁覺得心疼，也覺得有些莞爾。那樣的煩惱，不就跟二十歲的自己一模一樣嗎？

「妹妹，妳永遠遇得上更好的人。不過，前提是妳要為了愛先勇敢。」萱耐心地說道：「妳選誰都沒關係，但是不能逃避自己的心，否則那些愛妳的人都走光了，只會剩妳在原地踏步。放手去做決定，世界上人這麼多，就算他們兩個都沒了，只要妳越變越好，一定會有越來越多的好男人出現的。」

小女生愣愣地聽著她說話，好半晌才回過神來：「姐姐，妳是第一個對我說這些話的人。身旁的人只會罵我，說劈腿就是不對，馬上要斷乾淨，或是恐嚇我說，以後我會再也找不到這麼好的人。」她略略頓了頓，又感激地說道：「其實仔細想想，我早就知道自己要什麼，卻一直害怕分手。如果沒有聽妳說這些話，可能三天後我又跑去找他復合了。」

小女生擦乾眼淚，露出一副釋然的笑容道：「姐姐，妳真的很厲害，像妳這麼成熟有智慧的女生，談戀愛都會很幸福吧？會不會覺得我們這種人很傻？」

萱大笑起來，拍了拍小女生道：「如果不是曾經也傻過，怎麼可能會明白妳的心情？」

那些曾經的過錯，成就現在的我

老妹在愛情上，就算不曾身經百戰，多半也能說出一番道理來。

第一次認識老妹的人，以為她天生就對感情這麼成熟、這麼理解、這麼豁達。但其實，老妹能在感情中充滿智慧，是因為在感情中也千瘡百孔過。

她們年輕的時候，多半談過幾段荒唐的戀愛：有人劈過腿；有人跟別人的男友搞曖昧；有人跟不愛她的男人苦苦糾纏；有人甚至多年來，只能當別人感情中的小三，卻還要告訴自己「我跟他才是真愛」。

她們現在看起來很豁達，遇到不適合的人可以狠心切斷。但實際上，她也曾經為了挽留愛情把自尊踩在腳下，只求可以苦苦拉住對方。

她們現在對伴侶很成熟，能夠給予對方最大的尊重和自由。但是很久以前，她也曾經不高興就要對方半夜飛車過來哄，否則馬上就鬧分手；也曾經堅持要看對方的手機訊息，一封一封確認他跟任何女人都沒有關係。

老妹就是在感情中犯過錯，因此聽到別人犯錯才能懂。

她也不畏懼談論自己曾經千瘡百孔，即使那在別人眼中是「黑歷史」，她卻知道，沒有那些過錯，不會有現在的自己。她現在能夠溫柔、能夠成熟、能夠成為誰的好女友，都是因為她曾經犯傻過。

「我為自己的過去感到驕傲。」問起曾經，老妹會抬頭挺胸地說：「我不會為過去躲躲藏藏。因為沒有那些犯錯，不會有你眼前這個美好的我。」

PART 2

在自信的魔鏡之前，我璀璨如星

我只信仰一種美麗

「……jolie laide，用來形容一類特別的美女……直接翻譯的話，是pretty-ugly，即『漂亮的醜女』。」

「它包含了這樣一種概念：一個女人長得有點怪沒關係，這會讓她美得非常獨特。」——陳愉・《寫給姐妹們的真心話》

喬盤腿舒服地窩在椅子上，像隻慵懶的貓，但卻聚精會神地讀著書本上，一個法文詞彙對女人的奇妙註解。

「jolie laide……」她反覆咀嚼著，雖然不確定自己發音正不正確，仍舊覺得這個詞彙非常有意思。

「姐，跟妳借睫毛夾哦！」小妹跑了進來，身上穿著剛買的時髦長裙，剛燙過的捲髮還不太會整理，毛燥地披在肩上。已經上完底妝的臉孔看起來非常白，比脖子還要淺上兩個色號，韓風眉畫得太粗，不大合適她圓潤的臉型，但喬沒多說，只是舉起手指向櫃子：「自己拿，不必還我了，放妳那裡就好。」

「這麼好？妳的睫毛夾不是很貴嗎，還是之前拜託朋友從專櫃買的耶。」小妹顯得喜形於色，又有點不好意思地道：「妳要的話，再隨時找我拿。」

「不用啦，我現在用不到了。」喬闔起書本，站起身來，走到櫃子前端詳了好一會兒，又從裡頭撈出幾樣寶貝：「來，這裡還有一排假睫毛，妳要就儘管拿去。還有，雙眼皮貼妳也用得兇，這盒剩的都送妳。另外這兩色眼影我也很少用了，妳喜歡就通通拿去。」

「姐，妳是因為已經交到男朋友，所以才不打扮了嗎？」小妹瞪大了眼睛看著喬，一臉不可思議：「妳以前都說自己單眼皮很醜，還說沒有貼雙眼皮貼和畫眼線，寧可蹺課也不敢上學。但這些東西妳通通都不要了？」

「我還是會打扮啊！」喬指了指櫃子裡的簡單幾樣化妝品，一派悠閒地說道：「只是現在不喜歡那麼費工了。到後來我才發現，化妝成不像我的樣子來博取別人的目光，只會讓我越加自卑：因為那一直提醒我，自己離標準美女距離有多遠。」

她關上櫃子，繼續窩回沙發上，伸展著腿捧起書：「**現在的我，可能已經不夠格當別人眼中的完妝美女，但卻希望自己能成為一位富有自信的『jolie laide』。**」

老妹的審美觀：不做世人眼中的完妝美女

上底妝、撲蜜粉、刷腮紅、塗唇膏，眉毛擦了又畫，顫抖地描上眼線，再仔細地黏貼假睫毛，是很多少女初學化妝的共同記憶。

那時候，少女們竭盡所能地在妝容上，模仿世人眼中的標準：大眼睛、長睫毛、雙眼皮，還要有好萊塢明星裘莉一般的立體豐唇。那時候即使眼睛乾澀，也要勉強自己戴一整天的瞳孔放大片；忍受著眼皮上籠罩的黑影，也要牢牢貼上濃密款的假睫毛。單眼皮的女生自覺是邊緣人種，每天都要貼雙眼皮貼，並且信誓旦旦地表示：「網友說，貼久了就會變真的雙眼皮。」

然而，當身旁的人在她化完妝後，一個勁兒地讚嘆她是美女，系上的學長也被她貼了假睫毛的無邪大眼所吸引，她那時沒說出口的是：「花了那麼多的心力，打扮得越不像自己，其實每個稱讚都像在提醒：真實的我，並不值得這些讚賞與虛榮。」

當她終於厭倦躲在完美妝容之後，老妹終於開始打從心底頓悟：這些費力的打扮，或許曾為她贏得短暫的讚嘆，但卻跟真實的自信無關。

老妹還是認為完妝美女很美麗，但她已經不再無條件地向完美學習。

她體會到雙眼皮有雙眼皮的光采，然而自己單眼皮特有的神韻，一般人也無法取代；別人羨慕女星皮膚像雪一樣白，拚命地想美白和防曬，但她愛上自己天生的小麥健康膚色，並不打算再用厚厚的隔離霜遮蓋；她也曾經渴望有副巴掌臉，甚至還想存錢去打瘦臉針，但她漸漸開始意識到，自己的嬰兒肥也有別人無法模仿的可愛迷人。

她還是很愛美，也還是很愛化妝。只是她的妝，不再盲從於模仿標準，而是自信地展現被隱藏的獨特。她也許不合乎世人的美女標準，但是當一個女人開始全然地接納自身，即使不美的地方，也會轉化為屬於她的迷人。

「從今以後，我只信仰一種美麗。」老妹說道：「那就是成為我自己這種女人，一種寫著我名字的美麗。」

男友，不是我的名牌包

晴怎麼也沒有想到，自己會在這種場合碰見前男友。在跟廠商聯合舉辦的餐敘上，晴遠遠看見一個穿著體面的男人走了過來。雖然小腹大了一點，下巴也比十年前厚了幾分，倒還是能看得出來是分手多年的他。

「你怎麼會在這裡？」即使手上還拿著餐盤，晴也顧不得形象驚訝大喊起來。

「我剛剛也很驚訝。我是這間廠商的業務代表啊，負責跑國內線。妳呢？」拿著酒杯的前男友也一臉驚訝，但是仍然先鎮定下來問道。

「噢，我是歐美線的，窗口是別人，難怪遇不到你。」晴有點尷尬地說道，心裡想著好險，她一點都不希望窗口是他。十年前還在念大學的時候，他是她系上的同班同學，但是在大四的時候，卻因為發現他跟社團學妹過從甚密而斷然分手。為了不要讓前男友難堪，晴都對外說學妹是他們倆分手後才在一起的，表面上顧全了大家的面子，私底下卻跟前男友就此決裂，畢業後消息也完全斷了。

可以的話，她一點都不想再見到他。但十年過去了，心結也釋懷許多，至少她可以在公開場合跟他說說客套話：「最近過得怎麼樣？還喜歡這份工作嗎？」

「還不錯啊！公司明年就要升我當副理了，到時我會負責台北全區的業務。」前男友得意洋洋地說道：「還有，我結婚了！給妳看我老婆的照片。」他自顧自地拿起手機，一邊滑了起來：「啊，先給妳看這張，這個是我女兒。很可愛吧！然後這個才是我老婆，她對小孩很有耐心，還規定我每天都要回家吃飯，說外面東西不健康，我連便當都是她每天帶來的呢。」

「這樣很好啊！」晴看著螢幕笑笑地說道：「她看起來真是好女人。」

「是不是？大家也說她是命好才嫁給我。」前男友得意地說道：「妳應該還沒結婚吧？都沒遇到好對象嗎？小心年紀大了會慢慢貶值囉！別聽男人嘴裡客套說什麼不在乎年紀，其實骨子裡都還是想娶年輕漂亮的，不騙妳。」

晴默不吭聲，只是禮貌地笑著。這時候她主管正好從身旁經過，晴說了聲抱歉離開一下，馬上跟上主管的步伐。

「怎麼了？有事找我？」晴的主管端著酒杯，不明就裡地被晴拉到一邊。

「沒事，找妳當擋箭牌而已。」晴吐了吐舌頭。她跟主管感情很好，便一五一十地將剛剛的遭遇交代了一遍。

「好扯！」主管搖了搖頭，但又接著偷偷問道：「後來呢？有沒有告訴他妳未婚夫是本公司有名的優質高富帥，年薪鐵定比他高至少三倍，讓他羞愧得無地自容？」

「我沒告訴他耶。」晴挑了挑眉毛促狹地說道。

「什麼？為什麼不跟他說？」主管驚訝地問道：「幹嘛不告訴他你們年底也要結婚了，要讓他這樣白白地逞威風？」

「我不需要靠男人來證明自己過得好啊。」晴聳聳肩道：「我的好是來自於自己，不是因為我最後跟誰在一起。」

老妹愛情學：男友再好，也不是我的名牌包

日劇《東京女子圖鑑》裡，女主角說過一句經典的台詞：「女人四十歲左右，就會開始為自己佩上各種勳章。」

過了一定年紀的熟女，心裡認為沒有了年輕，至少也要有些什麼才能確認自己，因此往往熱衷於向別人說明，自己的老公在大公司上班、家裡在精華區置產、小孩成績又是全校前三、下禮拜還要參加鋼琴比賽。她們講了又講，話題卻只會繞著身邊轉，永遠繞不回自己身上，因為她們沒有信心，拿掉那些勳章，別人可能瞧不起真實的自己。

但是對老妹而言，她抬頭挺胸是因為自己好，從來不是因為有男人要。

她不能理解為何老要拿男人來炫耀，對她而言，男人好是他的本事，自己好才是自己的本事。她走過青澀的歲月，品味是自己打造的、氣質是自己培養的、成熟的想法是自己日積月累打磨出來的，她以自己為榮，不明白為什麼跟好男人在一起才叫做光榮。

老妹遇到別人跟她炫耀自己另一半有多好，她多半只會笑笑。別人問起她的另一半有多好，她也不想刻意強調，她希望別人認識她，而不是透過男人來鑑定她。

「不是因為男人好，才能證明我很好。」談起身邊的男人，老妹心裡是這樣想的：「而是因為我夠好，好男人才夠配得上我。」

關於神秘感：我不要包裝紙式的幻想

周末晚上八點半，霓虹燈在街頭閃爍，像是對疲憊的下班人潮招著手。

江剛忙完最後一份報告，才從辦公室打卡下班，連晚餐也在電腦前草草解決。她看了看腕上的手錶，發覺約好的時間已經快到了，於是急匆匆地往小酒吧前去。

就在江推門進酒吧的那一刻，包包裡的手機響了。她看了看螢幕，是聯誼認識的男人打來。最近他們經常通電話，問對方下班沒，或順路去對方公司附近吃宵夜，來場沒有負擔的小約會。她覺得彼此之間已經有點曖昧了，沒意外的話應該會在一起吧，應該。她微笑接起了電話，同時跟入座的朋友揮了揮手，放下包包，坐在留給她的位子上。

「喂？」電話的另一端，男人的聲音跟往常一樣溫柔。「妳下班了嗎？餓不餓？要不要去我們上次路過的那間店吃個飯？」

「下班了，」江嘻嘻的笑著回道：「不過已經跟朋友約好喝酒了。嗯嗯，在東區的Lounge，下次有機會帶你來。哈，你放心，我跟朋友在一起很安全，我會搭計程車回家，再跟你說，好，掰——」

江喜孜孜地掛上電話，一旁屏息偷聽的朋友們，馬上爭先恐後地發問：

「剛剛那是誰？是妳上次說的那個男的嗎？」

「在一起了嗎？還沒？」

「那妳還跟他報備自己在哪裡？妳也太乖了吧！」

「妳怎麼跟他說自己會喝酒？這樣他會覺得妳不是好女生耶。」

「還有，妳怎麼這麼誠實告訴他妳晚上跟誰在一起？妳要對他裝神秘啊！」

看著好姐妹們圍著她妳一言我一語，好像剛剛她真的做錯了什麼，江一時之間也為之語塞。

等好姐妹們終於安靜下來，她才堅定地說道：「對，我承認，對男人坦白的女子一點都不神秘。」她對這群睜大眼睛的好朋友微笑：「但我要他跟我在一起，是因為了解我才喜歡我，而不是因為神秘感而害怕失去我。」

神秘做成的包裝紙，只能換來不耐用的愛情

老妹當然記得，年輕時她們奉若聖經的「約會教戰守則」，幾乎每一本都會再三強調：「女人要像貓一樣神秘，捉摸不定、行蹤成謎。」它們要女人萬事都別交代太仔細，要讓男人覺得自己很多人

追，當他們感受到危機，才會更加積極地追求妳。

「有秘密的女人最性感。」兩性大師這麼說，少女也都奉為圭臬，照著學來的小手段，真的成功收服了猴急的男人。當少女們演起撲朔迷離的戲，男人也開始誤以為有其他人對她這麼積極，於是搶著告白，先下手為強的模樣，讓她們背地裡竊笑好幾次。

「可是我現在不喜歡這麼做了。」江說，那些年用高明手腕得來的愛情，來得快，失去得也快。男人因為害怕失去而急著告白，但在交往後，對她的熱情也隨著逐漸褪去的神秘感而迅速消失。

就像急著想拆封精美包裝禮物的小孩，熱切的佔有慾只是出自於好奇心。但當禮物本身不是自己真正想要的時候，很快就會發膩厭倦，不久就將之丟棄在一邊。

老妹式的愛情：就是要原本的自己被愛上

老妹的人生，已經不再像單純少女一樣，只是一張平凡的白紙。她對自己有足夠的底氣，因為她變化得太快，每一年都有驚人的成長，她早就不怕別人太懂她，只怕別人跟不上。

「與其裝神秘，不如早點讓你看清我真正的樣子。」老妹心裡是這樣想的。

與其只是有個伴，她更希望有人懂。她懶得對你裝神秘，有什麼主見也會坦率地說給你聽，她甚至也不怕想法跟你有摩擦，因為她也想看看你會怎麼面對摩擦。

老妹也不會為你隱藏自己的本性。如果她喜歡跳社交舞，她不會因為你介意而放棄興趣；她也會坦率地讓你知道自己跟誰出去，不管那個人是同性還是異性。她不是在報備，更不會擔心你對她不緊張，她只是要你提早了解她。你喜歡最好，不喜歡她也罷，她不會為你改變分毫。

老妹不需要男人對她有太多幻想，她是一個活生生的人，有自己的步調、自己喜歡的生活，不想要為任何人偽裝。她會盡力撕掉自己的包裝紙，讓你交往之前就清楚她真實的樣子。

「老妹的魅力，從來都不是靠搞神秘。」她要的愛情，是讓自己被明明白白地愛上，而不是讓男人迷失於包裝紙式的幻想。

年輕時的尺碼，休想丈量現在的美好

俐站立在鏡子前面，盯著鏡中的人影，心中煩悶。

她剛剛從凌亂的衣櫃裡探出頭來，原本只是要找件像樣的衣服參加喜宴，卻無意間翻出一件大學時期愛穿的低腰熱褲。

「啊，這是我最瘦的時候愛穿的『戰袍』呢！」俐還隱約記得，在審美觀一面倒崇尚紙片人的年代，她靠拚命節食瘦下來的小蠻腰，羨煞了眾人的眼光。還記得有一次，俐穿上這件剛買下的低腰熱褲、配上超短的露肚臍上衣，在大學校園裡大搖大擺地行走，同班男同學們簡直眼珠都要掉了出來，那年夏天，她靠這件熱褲出盡了風頭。

她將熱褲用力抖了抖，脫掉身上的居家運動褲，打算試看看自己還穿不穿得下。她先試探性地將雙腳踏進去，拉上大腿，然後站起身，一手拉住一邊褲頭，深吸一口氣，試圖將釦子扣上。

「靠，怎麼可能？！」她在心裡暗罵一聲，走到鏡子前，看見兩個褲頭的距離間至少還有三吋。俐狠狠地深吸一口氣，拚命地拉扯布料，才終於讓緊繃到極致的褲頭勉強扣上。

「天啊！我真是胖得像隻豬。」她惱羞成怒，開始在心底咒罵自己：「我真是死胖子，我從現在要開始減肥，今天晚餐不吃飯了！」她懊惱地坐在地上，一時之間欲哭無淚，盯著滿地還沒整理好的衣服發愣。

她堅持不肯脫下那件熱褲，而內臟已經被褲頭勒得快缺氧、每次呼吸都讓胃一陣刺痛。她緊咬著牙刻意忽略，也許在潛意識裡，女人們都認為自己如果還塞得下最緊的褲子，就代表自己還像年輕時一樣瘦，一樣討人喜歡，一樣還是個「標準美女」。

她忍著腹部勒緊的不適，一邊心情惡劣地撿拾著地上散亂的衣服，一件一件地摺好，放回衣櫃。就在拎起一件牛仔褲時，她忽然頓了一下：這件是她平日最喜歡的褲子，穿在她身上合腰合身，曲線完美，更重要的是——穿起來也一點都不緊。

「為什麼我要用年輕時的尺碼，來丈量自己現在的美麗？」她疑惑地問自己，接著猛然地醒悟了。她用最快的速度脫下身上那件熱褲，再毫無懸念地將它丟進舊衣回收袋裡，大大地呼出了一口氣，然後釋然地笑了。

年輕時的尺碼，休想丈量現在的美好

「我年輕時都吃不胖」這句話，時不時都會從老妹的嘴裡迸出來。似乎每個女人年輕時都有二十五腰、一個禮拜還吃三次麥當勞、體重卻都永遠維持在四十九公斤。也因為如此，每個老妹衣櫃裡，幾乎都有一件最瘦時期的牛仔褲，好讓自己可以緬懷往日的光榮。

然而，那件牛仔褲終究都有被翻出來的一天，當老妹發現穿不下年輕時的牛仔褲時，多半萬分驚恐，反射性地強烈羞愧與自我譴責，並掙扎著想要刻薄自己，例如從現在開始都不吃飯，只喝水，好讓自己能在最短的時間內塞回去舊尺寸。

然而那樣的過渡期不會維持太久。老妹遲早會意識到，少女時期的尺碼，跟她現在的美好毫無關聯。

老妹已經不再迷信紙片人的神話，現在的她，不但不會節食，反而吃得比之前更豐盛健康；她一樣對好身材有嚮往，但她會務實地好好上健身房。比起毫無道理的追求瘦身，她現在更重視自己的身材是否標準。即使她肚子有一點脂肪，或是最小號的尺碼已經塞不下，她都心甘情願地接受這就是她：世上獨一無二的自己。

最瘦的自己，並不會比現在的自己更加美麗。

老妹可能再也穿不上最窄的牛仔褲，但是她豐滿的翹臀，能勾勒出屬於女人的成熟性感；她的腰圍可能瘦不回二十三吋，但鍛鍊結實的馬甲線，卻比瘦弱的身材更加迷人；她選衣服也不再一味追求火辣而緊身，而是堅持能夠展現自我品味與風格。

「貪戀往日美好，只會糟蹋現在的自己。」老妹有這樣的自信，即使最瘦的時期，也不會比現在更加美麗。因為她走了很長的路，才讓自己變得更像自己，而不是靠過度節食和苛刻身體，來讓自己成為工廠打造出來的樣板美女。

健康不是口號，是姐的處世之道

梨躺在沙發床上，一邊聽著音樂，一邊把腳掛在牆上抬腿。

她有一套睡前小儀式，好卸除一整天的壓力：做簡單的瑜伽、敷面膜、聽心靈音樂，偶爾還會敲膽經，讓經絡可以代謝久坐產生的水腫。就在這時候，手機叮咚一聲，她順手拿起滑開，是久未謀面的大學學妹傳來的訊息。

「梨學姐！好久不見，後天我們要幫剛畢業的學弟妹辦慶祝會，學姐很久沒回來了吧？要不要來看看大家呢？」學妹是打字快手，螢幕上一行一行飛快地跳出訊息：「學弟妹才剛畢業，正在找工作。聽說學姐現在在大公司上班，他們都很想請教學姐怎麼面試呢！」

「能找到自己真心想做的事比較重要啦。」梨在心裡回答著，但她沒這麼說，只回了一個笑臉，然後答：「好啊！」

「太好了！那我給妳聚餐地址。我訂十二點半，四位。到時候見了！」學妹高興地說道。三分鐘後，她傳來一個網址，是一間有名的吃到飽餐廳。

梨猶豫了一下，但隨後心想，好吧，反正是學弟妹的慶祝會，他們開心就好。兩天後的中午，她準時出現在餐廳。

「學姐！這裡！好久不見——」她一推門進入冷氣超強的餐廳，忍不住打了一個哆嗦。遠方已經入座的學妹看見她，馬上大聲招呼：「學姐趕快去拿菜，學弟們已經先去搶了，不然好料要被拿光了！」

「哈哈，知道了。」她笑著放下包包，不疾不徐地走到食物區，避開忙著夾生魚片和螃蟹的人潮，先為自己倒了杯熱茶，再夾了一些苜蓿芽和生菜，拌上些許的堅果和油醋醬，再慢條斯理地回座。

「學姐，那邊有龍蝦耶！要不要我幫妳去搶一些過來？」剛端著滿山的食物回座的學弟，一邊把生食推進火鍋裡，一邊殷勤地問道。

「不用啦！我不習慣吃龍蝦，你們幫我多吃一點就好。」梨一邊微笑，同時放下餐盤又去夾了一輪，但整盤回來都是清爽的蔬菜、瘦肉和簡單的海鮮。當學弟妹敞開肚子吃了好幾盤肉片、大蝦和蛤蠣，已經撐到面有難色的他們，還不忘挖了一大球高檔的冰淇淋，直說外面一小盒要賣上百塊，要多吃幾球才划算。

「妳吃好少喔，這樣真的會飽嗎？要不要也來點冰淇淋，還是幫妳拿汽水？」剛畢業的小學妹跟梨還不熟，怯生生地問道。

「今天已經比我平常吃的還豐盛了呢！」梨放下手上熱呼呼的洋甘菊茶，笑著說道：「我已經不習慣吃超過身體負擔的東西了，冰的也不喝，午餐這樣就可以了，謝謝妳。」

「蛤，這樣好無趣喔！妳來吃吃到飽餐廳很虧耶！」正在挖著最後一支冰淇淋的學弟道：「不覺得來這裡就是要吃夠本嗎？」

「哈哈，等你們到學姐這個年紀就知道了。」梨也不爭辯，只是幽默地笑了起來。因為她忽然想起，自己也曾經對別人說過這樣的話。

養生不是口號，是姐的處世之道

無論是為了什麼理由，老妹在三十歲前後，都會開始學習照顧自己的身體：節制自己的食慾，開始吃得清淡，也會培養至少一種運動習慣。

一開始是為了維持身材，但時間一久，老妹卻發現這樣的生活比較輕鬆自在。以前是為了避免小腹和經痛不敢吃冰，現在是知道吃冰有多傷身體，所以即使在夏天，也會想用溫開水保養自己。

以前的她，會覺得錢都花了不吃可惜，但現在的她，會斤斤計較入口的東西：太油太鹹的不吃、糖分過高的不吃、超過身體負擔的量也不吃。不合口味的東西，她不再勉強自己吃完；過期的東西，她會乾脆地送它進廚餘，更不會因為已經花了大錢，就想敞開肚子吃到回本。她只會拿剛剛好的份量，吃身體能夠負擔的營養。

以前的她會覺得這樣太浪費，但老妹現在卻真心覺得：為了可惜而糟蹋自己的身體，才是最大的浪費。

她為自己捨棄最愛的鹽酥雞，飲料一定要半糖去冰；或是根本戒掉含糖飲料，改喝黑咖啡或紅豆水。她也開始學習保養之道，能的話盡量早睡，辦公桌上放著保溫杯，天熱也絕對不喝冰開水。

「年紀到了才懂，身體比什麼都還重要。」老妹說：「健康對我而言不是口號，而是姐的處世之道。」

跟夜店說晚安的年紀

安慵懶地躺在床上追劇，身旁的手機卻忽然震動了一下。她放下手中的平板，拿起手機滑開螢幕，發現昰大學的好友標註她在一張舊照片上——那是她們兩個人的合照，只不過，是七年前的照片。

「哈哈，臉書翻出我們當年跑夜店的照片！竟然已經七年了！時間過好快！」好友在相片上寫了這句話。照片中的她髮長及腰，染成亮眼的奶茶色；安則是燙成漂亮的捲髮，熱舞的時候隨著音樂性感甩動，吸引舞池中不少眼光。

「天，我以前穿這樣嗎？妝化那麼濃，好可怕！」安看著照片狂笑，她身上那件熱褲短到看得見屁股，假睫毛貼兩層，翹得比天高。

朋友比她還張狂，直接比基尼上陣，還獲得當天免費入場。

當年她們最瘋狂的時候，一個禮拜可以跑三天夜店，有幾次宿醉還吐到沒去上學。但隔兩天玩興又來，三五好友揪一揪，又包了一台計程車殺去，玩到凌晨散場，還續攤去永和豆漿吃完早餐再回來。

那時候她們像是有無窮的精力，晚上十點半才在慢慢梳化，頂著濃妝搭末班車跟朋友會合，再徹夜玩瘋到天亮才醉醺醺的回家。室友早已熟睡，她還搖搖晃晃地摸黑爬進浴室，摘掉隱形眼鏡、卸掉整臉的濃妝，再開熱水把沾滿濃濃菸味的頭髮洗乾淨。撐著迷濛的雙眼吹完頭髮後，才鑽進被窩裡昏昏沉沉地睡去，隔天再趕去上第一堂會點名的課。

但現在的她們，早已沒了當年那股瘋勁。朋友後來就結婚生子，每天六點就被迫爬起來為小孩準備早餐，送小孩上課後又像陀螺一樣打轉，累到晚上九點就快昏迷；安則是越來越注重保健養生，頭髮不一滴不染，並且為了皮膚好，刺激性的烈酒咖啡一點都不碰，每天十一點就寢，早上起來先喝一大杯溫開水，露肩露肚與太短的褲子全部扔了，因為「身體會受寒」。

她回想起當時的瘋狂，在音樂震耳欲聾的舞池裡熱舞的放肆，身邊圍著一群男人排隊等著認識她的得意，以及一杯一杯的酒精灌入喉嚨的痛快。她現在已經回不去了，剛過十一點她就打盹，音樂放太大聲她就頭痛，但她一點也不覺得可惜。

「兩位辣妹，改天要不要再約吃個飯？」有個朋友在相片下留言，打趣地問她們道：「還是妳們想再一起跑夜店？」

「不用了！」安馬上敲鍵盤回覆訊息，一邊忍不住笑了起來：「我衣櫃裡只剩下韻律褲，夜生活留給年輕人就好，那個時間，老妹要睡了！」

老妹，跟夜店說晚安的年紀

「夜店文化」是許多女孩重要的回憶，剛從升學壓力解放，開始學習化妝，甚至搬離家裡，徹夜未歸也沒人管。夜店在不知不覺中扮演起「轉大人」的角色，女孩好像只要跑過夜店，能豪邁地灌酒，被陌生的帥哥搭訕過，就像擁有光榮的動章，證明自己已經「轉大人」了。

女孩們有的是時間與驚人的體力，徹夜不眠也沒關係，大睡八小時就能神采奕奕。宿醉也不是什麼大問題，反正只要那堂課的老師不點名，當天儘管睡到自然醒。他們的身體還有著驚人的恢復力，不覺得耳膜被震到嗡嗡作響有什麼了不起，喝酒過量也不會考慮到傷胃傷肝，二手菸吸一個晚上也不會心疼肺和氣管，厚厚的妝也不覺得對皮膚有害，因為她們還有滿滿的膠原蛋白。

但老妹卻選擇淡出夜生活的狂歡，不再留戀無限暢飲和Lady's Night。

你可以說是因為老妹不再有體力，現在的她熬夜睡三天也補不回來；你也可以說是上班讓她們不再能貪玩，因為光宿醉就可以讓她們明天的晨會完蛋。

但我會說，與其說老妹不能玩，不如說是不需要玩。

老妹喜歡格調，不喜歡講話要大聲吼叫，更不想跳舞要被一群色瞇瞇的男人圍繞。她經濟也有點餘裕，因此不需要去夜店搶無限暢飲，老妹要喝酒，寧可選擇有點價位的小酒吧，裡面只有輕音樂和暈黃的燭光，和一個微笑不打擾的帥酒保。

她喜歡穿著牛仔褲，化著淺淺的妝，慵懶地靠在沙發上，跟一兩個聊得來的朋友輕聲講笑話，而且過了十點半就回家。

夜太美，老妹寧可披起外套看夜景，也不想穿著熱褲短裙去紙醉金迷。

「以前想去夜店玩，不管幾點都不嫌晚。」老妹調侃自己道：

「現在覺得夜色太美，才選擇跟夜店說晚安。」

愛自己，不是一種物慾

潼早上身體不舒服請了假，下午才進辦公室。她連杯茶都來不及泡，一坐下來就先打開電子信箱，處理早上的公事。

分機忽然響了，她看也沒看就接起來：「你好？」

「潼姐，妳終於進辦公室了！」對方是進公司不到半年，芳齡二十二的新人妹妹：「趕快趕快，我早上寄了一封團購信，快要收單了，有要什麼快跟我說！」

「什麼團購？」潼一邊夾住話筒，一邊把視窗往下拉：「妳說『歐美名牌空運直送，現貨搶購中』的這封嗎？」

「對對，就是那封！」新人妹妹高興地說道：「那是我堂姐啦，她平常在幫人做代購，我跟她說我們同事都很喜歡，團購十個以上能不能算便宜一點。妳看上面的價錢，比市價便宜很多耶！她竟然還說我們可以再打八五折，快點快點，我要跟她下單了！不然好貨都要被人搶走了！」

「喔……這樣啊！」潼一邊把信件往下拉，一邊對標價瞠目結舌，就算打八五折，也要吃掉她至少三分之一的薪水：「妳自己有買嗎？」

「當然有啊！我買那個粉色的側背包，還有一個紫羅蘭色的晚宴包。本來也想買粉色的，但她說已經沒貨了，我只好選紫色的，勉強還能接受。」

「妹妹，妳還真捨得花錢。」潼將團購單看了一輪，確定裡面沒有什麼值得她花掉半個月的薪水，乾脆地關掉郵件。「沒看到特別想買的，這次我先pass吧。」

「不會吧！潼姐，這個很划算耶！我以為妳一定不手軟。」新人妹妹隔著電話搧風點火道：「年終快發了，買個好一點的包包犒賞自己啊！賺錢不就是要捨得花嗎？女人要懂得愛自己啊！」

潼噗哧地笑了出來：「妳才幾歲，也學會跟人說愛自己了。好啦！姐要工作了，剛剛電話一直插撥進來，我要先接了，先這樣。」

潼掛上電話，一邊忙起工作，一邊覺得又好氣又好笑。不知道什麼時候開始，「愛自己」竟然變成一種行銷辭令，變成商人的勸敗手段。

她上禮拜在猶豫要不要買新iPhone，通訊行的妹妹也告訴她「用好一點的東西，女人要懂得愛自己」；去做按摩的時候，推銷課程的小姐告訴她現在有「愛自己專案」：預付一整年，立即享特殊優惠。高檔保養品、昂貴下午茶、網拍服飾，好像市面上賣給女人的商品，一夕之間都學會「愛自己行銷法」，堂而皇之地提倡最新的花錢理由。

很多女人都著迷了，包括幾年前的潼。

「也許當女孩終於明白『愛自己』是什麼，才算長大了吧？」潼沒打算說破，只微笑著刪掉團購信，一邊優雅地繼續下午的工作。

愛自己，不是一種購物慾

不知道從什麼時候開始，「愛自己」好像蔚為風潮，不但商人學會了這招，女人也非常肯買單。只要消費之前告訴妳這是在「愛自己」，無論是多麼不需要的東西，瞬間都變成了一種嬌寵自己的犒賞。

她們會花大把的錢做指甲，可以刷卡付好幾萬塊的按摩SPA，或是排三個小時的隊，只為了吃一塊貴婦蛋糕和打卡。年輕的女孩第一次學會「愛自己」，不是來自什麼心靈體悟，而是被商人挑起的慾望——她不覺得這樣有什麼不對勁，因為她認為這是在「愛自己」。

老妹其實也愛自己，但她的愛已經開始不一樣。

她也曾經縱容自己買昂貴的東西、跟別人排隊吃網路爆紅的料理，想買什麼就買什麼，想吃什麼就盡情吃喝。但漸漸地她卻發現，即使她這麼用力地「愛自己」，卻只越來越覺得空虛，心靈一點都沒有滿足與滿意。

她在走錯之後回頭，才慢慢發現，原來一直以為的「愛自己」，只是一種縱容與貪心。但她真正需要的愛，其實與花錢無關。

她的愛開始變得很簡單。她學會靜下心來，傾聽自己內在的聲音，也學習好好照顧自己的身體。她開始不太吃大餐，而是吃得健康而清淡；她也不太買用不上的名牌，而是把錢省下來好好充實內在。她也許不再愛排長假去旅行，卻允許自己可以加班後關掉手機，好好地沿著河堤散步與深呼吸。

「真正的愛自己，不是想要什麼就給什麼。」回歸單純的老妹說道：「而是能開始聽見，自己到底要什麼。」

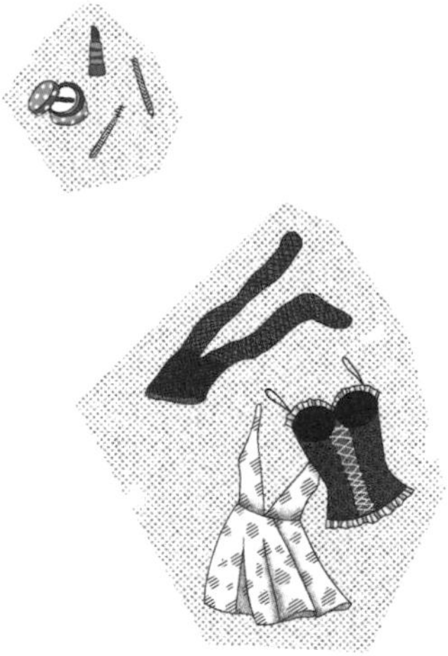

花錢不是購物：是女人的一種生活態度

婷正在搬家，要從家人住的公寓中搬出來，到離公司更近的地方住。雖然每個月會因此多付一筆租金和生活費，但卻能夠省下一天近兩小時的通勤時間，以及獲得更多的心理自由，這筆錢花得很值得。她是這麼想的。

要從住了將近二十年的房間裡搬出來，不是一件簡單的事。對婷來說，這與其說是搬家，更不如說是一場斷捨離——尤其現在的她正深陷在衣服堆裡，對著滿坑滿谷的衣物配件坐困愁城。

「到底哪來這麼多東西！？」這已經不是婷第一次怒吼。原本以為已經清完了，卻總是有更多的東西從抽屜深處、衣櫃的底部、床底遺忘的收納箱源源不絕地湧出，像是裡面有口井，不斷吐出深埋在地底的回憶。

她讀過日本暢銷書《怦然心動的人生整理魔法》，作者大刀闊斧的整理哲學被她奉為圭臬：「一件東西只要看到時沒有『怦然心動』的感覺，就要立刻丟掉！」然而，婷發現用這樣的方式整理她的東西，「沒有怦然心動」感覺的漸漸被堆成一座山，被留下來的東西則少得可憐。在她好不容易爬出衣服堆，坐在床沿仔細審視著那些即將被拋棄的東西時，與其說是不捨，不如說是驚嚇——驚訝自己竟然允許這麼多「不夠愛」的東西進入自己的生命。

她一件一件地檢視舊衣服，至少有十來件上衣、兩條內搭褲，都是在朋友的搧風點火之下，半推半就地掏了鈔票。然而帶回家之後，她卻連一次都沒有拿起來穿，因為並沒有特別喜歡。

難怪高中時自己會跟那個男孩在一起。婷想到高中時的男友，當時是因為朋友知道男孩暗戀她，於是鼓勵他告白，又對婷搧風點火要她趕快答應。婷雖然遲疑，但是朋友一頭熱，加上她也不算討厭他，於是匆匆地答應了他的告白。

幸好最後他們分手了，因為他移情別戀。但其實她卻暗地裡鬆了一口氣，好險自己不用當壞人。

不懂得拒絕別人，是她以前的缺點，她心裡知道。

桌邊還有三副耳環，是逛夜市的時候遇到老闆清倉大拍賣。當下雖然只有一對還算喜歡，但為了三副的特價，硬湊了另外兩副結帳。

她將已經略微生鏽的耳環捧在掌心裡，想起過去的自己，那個為了能用便宜的價錢買到更多東西而沾沾自喜的女孩。但是她現在卻不這麼想了，她寧可用更多的錢買更少的東西，只要樣樣都是精品、件件都是出自於她的真心。

她將耳環放進垃圾袋，並在心底輕聲對它們道謝：謝謝你們代表我的青春，也代表你們即將成為我的過去。

花錢不是購物：是女人的一種生活態度

不知道這算不算女人共有的成長歷程：少女時期經濟不夠寬裕，拿著零用錢或是打工的微薄薪水，總想要在花錢這件事上撿便宜。因此路邊攤、夜市、地下街，那些掛著「衣服一件100」、「鞋子一雙199」、「項鍊、耳環99元」的攤位，成了女孩流連忘返的聖地。

那個時候，喜歡不是最大的重點，只要有一般水準，價位又是負擔得起，少女多半不會猶豫。那個年紀，世界對她來說還是很新奇，因此容易將就，也禁不起慫恿。她們習慣用最少的錢買到最多的東西，而不是買自己會怦然心動的東西——因為多半也買不起。

然而老妹卻是完全反其道而行：她寧可用更多的錢買更少的東西，但是樣樣都得是心中的精品。

老妹有自己的薪水，經濟也比少女寬裕，但她卻很少再買不夠怦然心動的東西，就像她也開始對無法怦然心動的男人敬謝不敏。她還是很喜歡逛街，喜歡在網拍上流連，也還是很容易被特價挑逗得心癢難耐，但真正會讓她掏錢的物品，卻有寫著自己名字的質感。也許一條精工的手鍊，可以抵二十件路邊攤；一年在外租屋的錢，足夠她出國旅行還住五星級飯店，但是她卻願意買單。

老妹開始意識到，她花的錢不是在購物，而是在打造一種生活態度。老妹會說：「當一個女人學會用更多的錢買到更少的東西，才是真正開始有品味的人生。」

老妹不需要偶像，因為她自己就有鋒芒

在上個年代，「老同學」似乎是種難以維繫的關係。除非彼此真的勤於聯絡，否則只要搬個家換個電話，就如斷了線的風箏，從此音訊全無。

然而在這個世代，許多人靠著臉書的牽線，那些早已淡忘在記憶裡的國中同學、國小同學，都能在一個個「好友邀請」下，重新接上線。很多人也吆喝著要辦同學會，看看當年一起穿制服，乳臭未乾的「屁孩」們，現在變成什麼樣的俊男美女。

「欸，妳還記不記得有一張周杰倫的ＣＤ放我這裡？」芬參加一場國中同學會，一旁帶著兩個孩子的班花冷不防地問了她一句。

「啊？有嗎！哪一張？」芬一時摸不著頭緒：「什麼時候借妳的？」

「妳忘啦？那時候說怕期末考到了，妳媽會沒收妳CD，要先暫放我這。還千叮嚀萬囑咐要收好，不能有一點刮傷和壓到咧！」班花笑嘻嘻地說道：「後來那張CD就一直在我這了，我搬家好幾次都還帶著它。早知道今天就帶來還妳了。」

「對喔！我記得那時候芬超迷周杰倫的啦！」另一個朋友打趣地說道：「那時候還堅持要我叫她『杰嫂』，不叫還不理我，哈哈！」

「討厭，不要講啦！」芬摀著羞紅的臉尖叫：「妳那時候還不是喜歡王力宏，整個墊板和書包都寫滿他的名字，還說我咧！」

「哈哈，我也記得，她還叫大家不准跟她搶『宏嫂』的位子！」另一位朋友也笑著說道：「但是現在已經比較少聽到他們了耶，對了，妳們當時有迷其他女明星嗎？蕭亞軒？蔡依林？孫燕姿？」

「有！我國中時超愛孫燕姿，牆壁上都貼她的海報，頭髮也跟設計師說要剪得跟她一樣！」一旁馬上有人舉手道。

「我還學蔡依林在手臂上畫一個刺青呢！結果一進校門就被學務主任抓，因為畫得太像了，哈哈！」

「我有一次想要接偶像的班機，就裝病請假沒去上課，早上從家裡出門後就直奔機場了，現在想想都不知當時哪來的狗膽。」另一位老同學也笑嘻嘻地說道。

「什麼！原來妳那時候是裝病！」「太扯了，那時候我還掩護妳耶！」幾個老同學驚呼道，爭相揭發塵封將近二十年瘋狂的行徑。

「奇怪，但為什麼現在好像沒那麼迷了？」芬忽然好奇地問道：「妳們現在還有在追星嗎？」

「還好耶，我現在頂多就看韓劇，覺得歐巴很帥，但也沒有瘋成當年這樣。」一位曾自稱「信嫂」的五月天迷聳聳肩道。

「我前陣子有追偶像劇《荼蘼》，覺得楊丞琳很棒，把我們這年紀對人生的徬徨都演出來了。但也只是欣賞而已，沒有到想追星的程度。」帶著兩個小孩的班花也說。

「對對，還有林依晨，我以前超愛她演的袁湘琴。現在還是很喜歡她，但已經轉為欣賞她私底下敬業的工作態度，反而不太在意螢光幕上亮麗的樣子，畢竟表面工夫誰都會裝。」另一個剛創業的友人也附和道。

芬看著她們妳一言我一語，若有所思起來。

老妹不需要偶像：因為她自己就有鋒芒

十幾歲的時候，偶像就像生命中的太陽，在慘澹的青春裡閃閃發亮，讓許多少女心神嚮往。

少女時期對偶像充滿幻想，欣賞的也是他們光鮮亮麗的模樣。她們作夢都想拿到親筆簽名，剪個一模一樣的髮型，偷偷模仿偶像講話的語氣，甚至還不怕羞地自稱「某某嫂」。一點點的相像都會讓少女覺得，自己好像沾了偶像一點光，朝不敢奢望的夢想模樣更加靠近。

但是到了老妹的年紀，卻會逐漸放下對偶像的憧憬，重新定義所謂的「魅力」。

老妹不會再事事模仿偶像，她或許曾經羨慕女星的娃娃音充滿魅力，現在卻也懂得欣賞自己豪爽的口氣；她也曾經想要偶像豐滿的上圍，現在卻懂得愛上自己均勻健康的體態。

她心中還是有欣賞的偶像，但是偶像開始對她而言，已經變成「欣賞」的對象，而不是「崇拜」的產物。她喜歡的，也不是偶像在螢光幕前演出的光鮮亮麗，而是那些偶像卸下光環後，在背後努力的真實打拚。

「老妹的年紀，不再需要偶像。」她說：「或者應該說——我們更喜歡偶像是一個有血有肉，會哭會笑，跟我們一樣會努力的凡人。」

老妹，一束漂亮的乾燥花

每到周末，花市就變得跟夜市一樣，遊客如織，但與夜市不同，來這裡的人不是為了填飽肚子，而是為了買一點生活的夢。

花市如果繁榮，應該代表人們對生活還有憧憬吧？

貝也很喜歡花。以前的男友常大把大把的送花，追求的時候也送、吵架的時候也送、周年紀念也送、畢業典禮的時候也送。年輕的她喜歡大把鮮花的張揚，但卻難過它們總撐不過一周保鮮期。現在的她頂多在電腦桌邊擺盆仙人掌，耐看耐放，記憶裡逐漸抹去了那些屬於青春的嬌豔與放肆。

那天貝和朋友約好，周末去花市幫媽媽買迷迭香。身為家庭主婦的媽媽喜歡在家裡種香草，滿陽台的薄荷、檸檬香蜂草、九層塔、辣椒，是都市裡自成一格的香草花園。她抱著裝著迷迭香的大塑膠袋，和朋友在人群裡鑽著，一邊好奇地指指點點。

「妳看！這個水草缸好漂亮喔！」

「在辦公室養一個不曉得會不會死掉？」

「說的也是，那來株空氣鳳梨呢？」

「好像很耐旱，不過現在工作已經夠忙了，再用鳳梨旺下去我會受不了！」

「妳想太多了，空氣鳳梨又不是真的鳳梨，哪會真的旺！」

貝和朋友妳一言我一語的嘻笑，在一攤一攤的花卉攤販間穿梭，不時嚷嚷著要對方看自己發現的新玩意兒。

「這是什麼啊？是真的花嗎？」貝在一處安靜而雅緻的攤位前停下來，捧起一束精心包裝過的花束：「好美喔！這個比剛剛外面看到的鮮花還漂亮！我比較喜歡這個！」

「這是乾燥花！」老闆娘走了過來，笑盈盈地說道：「乾燥花是真花脫水做成的，所以也是純天然的花束，耐看耐放、在通風的地方可以保存很久，甚至有人覺得它比鮮花還好看——不過因為製程比較繁複、耗費時間長久，所以價格一定比新鮮的花來得高。」

老闆娘報了貝手上拿的乾燥花束價格，貝和朋友驚詫地面面相覷。

「這一小束花真不簡單。」她放下乾燥花，依依不捨地離開攤位，又回頭望了好幾眼：「妳不覺得，乾燥花其實很像我們嗎？」

「怎麼說？」朋友問道。

「乍看之下，雖然沒有鮮花這麼嬌豔新鮮，但是經過時間的淬鍊與考驗後，那保留下來的美麗，卻是耐看耐放，而且耐人尋味。」

貝想了想，又調皮地說道：「我明白了，以後遇到想交往的男生，我就帶他來看乾燥花——如果他懂得欣賞乾燥花的美，大概就懂得欣賞我們老妹了。」

「妳真的很三八。」朋友哈哈笑著推了她一把，拉著她繼續往下一個攤位去。

老妹，像乾燥花一樣不簡單

照料過花的人都知道，鮮花雖然放肆招搖，卻不大耐放，即使細心插在瓶裡日日修剪，也難逃其短暫的壽命。原本嬰兒皮膚般水嫩的花瓣，馬上變成老嫗一樣的黃斑皺褶，讓人難以相信它三天前還是如此新鮮。

與少女談戀愛，就像養著鮮花一般。她綻放著最好的姿色與香氣，但卻隨時充滿了變數，需要你謹慎小心地捧在手心呵護。

但與老妹的戀愛卻不是這樣。

即使不像鮮花的風華正茂，但被時光淬鍊過的她，已經褪去了她的放肆與鋒利。她的裝扮不再爭奇鬥豔，而是回歸自己美好的本質，變成了最好的質感與舒適。

她談戀愛，不需要男人提心吊膽地服侍，也不會因為一個疏忽，就迅速損傷與枯萎。老妹的個性已經被人生打磨淬鍊，即使伴侶沒辦法隨時以大量的時間照料，她都能夠安靜而美好的陪伴。

曾經有一位讀者這樣形容老妹：「老妹的真實感就像乾燥花，不會像鮮花一樣有太多的化學變化。」

乾燥花的美不容易，風乾過程會褪去它的新鮮、也可能折損它的顏色、毀損它嬌豔的外型。一束乾燥花要成型，必須挺過繁複手續中的許多變數，才能脫胎換骨，把時光原本會帶走的美留住。

老妹的美經過時光淬鍊，已經趨於沉靜。她的美少了鮮麗，跟鮮花在一起無法爭豔與喧譁。但她也無意喧譁，認定只有識貨的人認得她的美：那不只是與世無爭，也是一種穩定的成熟。

愛上老妹的人，就像愛上乾燥花：她的美不是過客、不是曾經擁有。她的美是淬鍊、是一種永恆與堅定的陪伴。

喜歡乾燥花的人都是這麼相信：現在她美，以後的她也會是這麼美。

30歲後，我反而更喜歡自己

新工作報到的那天，前輩問起她的年紀。「我明年要滿三十歲。」萍抬頭挺胸地說道。

「要滿三十歲囉？」前輩若有深意地搖著頭道：「好好把握妳的二字頭，現在是妳人生的巔峰，女人一到三十歲就會開始走下坡了。」

「會嗎？」萍歪著頭，疑惑地說道：「我覺得我現在越變越好啊，為什麼到三十歲反而會開始走下坡呢？」

「這妳就不懂了。」前輩嘖嘖地回答：「二字頭的時候，妳會覺得自己還年輕，但一旦『奔三』，妳就會開始意識到自己老了，開始惶恐和憂心忡忡。好啦，反正說這麼多也沒用，等生日那天妳就知道怕了。」

萍被唬得一愣一愣，搔搔頭不敢回嘴，但心底默默記下這件事。「可能真的到當天我就會知道了吧。」她想：「都說三十歲是一個分水嶺，也許到時候心情真的會改變也說不定。」

但她也開始好奇，那些年過三十的熟女們，都怎麼樣看待三十歲以後的自己？

「三十歲？那時候就很擔心自己嫁不掉啊！」結婚三年的學姐語重心長地說道：「現代再怎麼鼓吹女性的獨立自主，婚姻市場卻很現實的。條件好的男人都想跟二十歲的妹在一起，所以我很慶幸自己趕在二十八歲以前嫁掉了。」

「三十歲嗎？體力變得很差啊！」工作要排大夜班工作的朋友說道：「以前值夜班，第二天只要喝杯咖啡就清醒了，現在根本不行，黑眼圈和水腫要好久才會消，我在考慮過一陣子要辭職了。」

「三十歲喔，其實我很擔心轉職會很困難。」一位職場前輩坦白跟她說道：「雖然我不喜歡這份工作，但現在也老了，去面試，人家會想說，妳這年紀還願意學嗎？還坐得住基層嗎？他們會對妳百般挑剔，反而不比新鮮人求職順利。」

「再幾年就高齡產婦了啊！那還用說。」早早就結婚生子的大學同學說道：「再不趁年輕趕快生，以後等想生搞不好還生不出來了。」

大家口中的三十歲都充滿危機，好像生日那天就是一個終點線，過了那條線還找不到人生方向、還沒找到想過一輩子的對象、沒打算結婚，甚至沒打算生小孩，男人就是魯蛇、女人就是敗犬。

萍心裡惴惴不安。雖然她有一個大她兩歲的男友，但兩人也沒討論到要結婚；她也還算喜歡這份工作，但沒有喜歡到想在這裡退休；

她的薪水只算夠用，但是還沒到可以養活一家人，只夠她自己生活。

這樣的她到了三十歲，真的會開始恐慌嗎？

她把這樣的疑問放在心裡，但還是努力過好每一個日子。她讓自己重拾高中熱愛的爵士舞，每天下班都熱衷地跑去教室練習。她沒特別跟男友提到一定得結婚，但是她用心地經營感情，兩個人的相處也越來越甜蜜與穩定；她知道現在的薪水不高，因此她用心學習理財，慢慢也存下一筆不算小的資產。

直到三十歲那天，她早上眼睛睜開，除了臉書湧進了滿滿的「生日快樂」，其他什麼也沒發生。

「不，其實還是有點不一樣。」她站在鏡子前面，回想起過去三十年的人生，心懷感激地告訴自己：「我變得更加喜歡妳了。」

30歲那天：其實什麼也不會發生，只會更加喜歡自己

這個社會對三十歲的女性有點「汙名化」，或是說恐嚇過頭了。

二十幾歲的時候，還可以被當成青春鮮活的少女，然而一旦過了三十歲，好像就沒有「青春」兩個字可言，生活瞬間變成即期品：如果還沒有結婚、沒有對象、沒有穩定的事業，甚至離生小孩的期限也越來越近，女人如果被這個期限追著跑，就會感到莫名地惶恐。

然而，三十歲也可能什麼都不會發生，只會變得更加喜歡自己。

老妹沒有否認過了三十歲，身體狀況會下滑，體力也會變差，轉職不容易，婚姻市場也不吃香。但是她明白，一個女人如果過了三十歲會開始討厭自己，那代表以前的她只空有青春，其他什麼都沒有留下。

但一個愛自己的老妹，會在接近三十歲的路上，慢慢累積自己的

能量。

二十歲的時候，她還是一張懵懂的白紙；三十歲的時候，她已經逐漸了解自己喜歡與不喜歡什麼，也開始有能力經營一段成熟而穩定的感情。工作上，她也因為多年的經營，擁有了更多可貴的人脈與經歷，與更多的選擇性。

老妹發現，三十歲的那一天，其實什麼事也不會發生。

就算沒了世俗定義的「青春」，她還是能夠在生日早上醒來的那天，溫柔又疼惜地告訴自己：「三十歲了，我開始更喜歡我自己。」

PART
3

任性，是因為我理直氣壯

我寧可單身，也不要當誰的女神

琳剛剛回到家，包包都來不及放下，就用最快的速度掙脫下腳上的高跟鞋，把它們踢到角落。當隱隱發疼的腳趾踩在平穩冰涼的地面，她才終於深深地吁了一口氣。

走進房間的路上，她已經迫不及待地脫下那些讓她不自在的衣服：低胸露乳溝的上衣、勒得她快喘不過氣的馬甲、窄到讓她坐姿彎扭的短裙，還有那雙男友堅持她一定要穿，讓她膝蓋凍得發紅的半透明黑絲襪。

她走進浴室捧起卸妝油，對著鏡子搓掉臉上假惺惺的妝，也像搓掉滿心的疲憊。已經二十八歲的她，其實早已不像十八歲的時候一樣，喜歡用淺兩個色號的粉底，刷濃密款睫毛膏，還在眼皮上塗楚楚可憐的珠光眼影。

今天晚上她卻破例為之，不為什麼，只因為剛交往的男友喜歡，特地叮嚀她：「晚上好好打扮，這樣我帶妳去見哥兒們才有面子。」琳當下雖然心裡不舒服，但處於熱戀期的她，還是安慰自己道：也罷，都說男人愛面子，就為他在朋友面前裝一下，沒什麼關係吧？

「但是妳知道，後來發生什麼事嗎？」琳喝了一口甜酒，淡淡地對湊過來聽她八卦的姐妹們說道：「隔天他要我去他家過夜，我穿的是寬版毛線衣配韻律褲，想說比較舒服，也沒有化妝。結果他開了門看了我幾眼，第一時間不是叫我進來，而是劈頭就問：『妳今天怎麼會穿成這樣？』」

「我驚訝地反問他：『我穿這樣怎麼了嗎？你該不會是覺得，我來你家還要盛裝打扮吧？』他咕噥了一聲，才側身讓我進門。之後的整晚，他都坐在電視機前轉遙控器，一臉悶悶不樂，連我主動跟他聊天，他都完全沒興致的有一搭沒一搭。」

琳放下酒杯，咬著牙說道：「我當下忽然醒了，好像開始不認識眼前這個人。前一天晚上我給足他面子，他兄弟都起鬨喊我女神，他樂得就在桌子下偷摸我大腿，酒喝多了甚至一直跟我咬耳朵，說他好愛我。隔天我只是沒有打扮，他的態度卻可以一百八十度大轉變，我非常懷疑他喜歡的到底是我的妝、還是我的人？」

琳當晚悶悶不樂地在沙發上睡了。隔天早上，她還沒完全清醒，男友就忽然跑來推醒她：「我朋友說等一下要來我家。妳現在這樣不好見人，東西收一收，今天先回去好不好？」

那一刻，琳忽然懂了些什麼。她揉揉眼睛，坐起身，抬頭望著她的男友，輕柔地說道：「好，那我們以後也不要再見面了。」

我不做女神，只想當我自己

很多人對戀愛的對象，總是抱著不切實際的幻想。他們想要女友隨時有零瑕疵的肌膚、深邃的雙眼、化得美美的雙唇，穿著只能火辣和氣質二選一，而且絕對不能戴眼鏡，還認為鯊魚夾很煞風景。

女孩還年輕的時候，也天真的以為打扮成對方喜歡的模樣，就叫做愛情。女孩也因為對自己沒有自信，害怕在對方面前露出真實的樣子，因此拚命扮演男友心中的女神，好滿足他的虛榮心。然而當她回過神來，卻往往發現她已經不是她自己。

但老妹在情場走過許久，她曾經被真的愛過，也曾被當替代品排解寂寞。**如果這些年來她學會了什麼，就是當過了熱戀期的纏綿繾綣，老妹終將看清，自己在對方眼裡到底是扮演女神，還是她自己。**

當妳盛裝打扮，穿著性感的細肩帶，他對妳投以的眼神與甜言蜜語，好像生平沒見過這種美女；然而當妳只是卸了妝、脫下緊繃的馬甲與黑絲襪，他卻開始意興闌珊，甚至害怕妳會丟他的臉。老妹馬上明白，男人想看的不是妳本人，而是要妳扮演他心目中的女神。

但老妹早已不願當虛偽的假女神，她只願意做她真實的自己。

「所謂的愛情，不應該建立在空虛的幻想上。」老妹無法欺騙自己說這是愛情，她清楚自己是誰，也清楚自己本來的面貌。即使她有能力扮演男友心中的女神，她還是只願意做她本來的樣子，因為她要的，是被完整地被愛上。

「對於愛情的最低限定，就是我能不是誰的替代品，我只能是百分之百的我自己。」

事業有成，就有六十分？

瑜在餐廳裡等候一個男人。

她還單身，身旁有很多人會介紹對象給她。而她也總是樂於赴約，雖然不見得適合，但她的觀念相當開明，覺得就算當不了情人，也未必就不能做朋友。

只是這個男人，讓她考慮以後連朋友也別做。

今天是他們第一次見面，約好下班後，一起在附近用個簡單的晚餐。朋友介紹時沒多說什麼，只說是個「事業有成」的男人，還眨了眨眼睛，要她好好「把握住機會」。

但說好了七點半餐廳見，瑜也事先訂好了位，卻一路等到八點十分還沒見到人。服務生來倒了兩次水，殷勤地問她要點餐了沒，男人卻只在五分鐘前草草傳簡訊告訴她：「我剛下班，還在路上。」

瑜暗暗深吸一口氣，想著第一次見面不要給人太難看，也許碰巧下班前有急事要忙也說不定。終於，穿著襯衫與西裝褲，踩著時髦黑皮鞋的男人終於出現了。他向瑜打了聲招呼，然後就一屁股坐下，誇張地吁了一口氣，看了看錶，接著翻開菜單，絲毫沒有其他話要交代。

「今天比平常還晚下班嗎？」瑜裝作若無其事地問道。

「沒有啊，我們平常十點下班都是正常的，今天趕得上吃晚飯已經不錯了。」他的語氣，彷彿忙於工作的男人遲到是天經地義，連抱歉一聲也不用。「那妳呢？妳平常是做什麼的？」男人單刀直入的問。

瑜皺了皺眉頭，那口氣讓她一時以為自己是來求職的，對面不是約會對象，而是面試官。「我在某某公司工作，做業務。」她輕描淡寫地說。

「某某公司？沒聽過。」男人一臉沒興趣的樣子，連眼睛都不抬，拿起湯匙唏哩呼嚕地喝起湯來。「我在某大科技公司上班，明年要升部門的經理了。妳知道嗎，升遷一次薪水會往上調十二趴哦！妳猜我這樣年薪會變多少？」

「給妳一點提示，我年薪早在好幾年前就突破七位數了！妳應該賺得沒這麼多吧？」男人沾沾自喜地說道：「我覺得啊，女人最好的工作其實就是在家帶小孩，這才是女人的天職啊！反正妳們工作賺得又不多，結婚就把工作辭了，安心在家照顧我爸媽和小孩就對了。」

瑜差點沒把湯吐出來，勉強忍著頭痛，耐著性子吃完這頓飯，結帳時不但自己買了單，還婉拒男人送她回家。她回家之後就把對方刪除了，介紹的朋友來打聽，她不想傷朋友的面子，只淡淡說了一句：「嗯，個性不合。」

「有這麼誇張嗎？但他好像對妳還滿有興趣的耶！說妳看起來很賢慧，很適合當老婆。」朋友忙著打圓場道：「個性不合可以慢慢磨啊，搞不好相處久了就合了。事業有成的男人很難得，跟他在一起，過幾年就可以準備當少奶奶了。」

「或許對某些女人來說，他的條件很有魅力，」瑜在手機上慢慢打著，但是敲出的字句卻很堅定：「但我一點都不在乎他事業有成，因為我也不稀罕坐享其成。」

老妹不會削掉自己的腳尖，來迎合王子的玻璃鞋

如果說老妹的愛情有一種狂，那就是她會挑戰世俗的價值信仰。世俗的價值中，好像男人有車有房有事業，就該有大排長龍的女人等著嫁。而如果自己對這樣的男人沒興趣，有時候旁人不但會來勸，還會責怪她太狂妄。

但是老妹的狂，來自於她在幾段感情中不斷跌跌撞撞，逐漸摸透自己喜歡什麼，以及絕不能讓的底線又是什麼。她要的愛情，不是寵物式的包養，而是男人願意跟她平起平坐、以及絕對的尊重。

如果一個男人事業有成，卻完全不把她放在眼裡，甚至把女人當成事業成功的戰利品，老妹也不會像灰姑娘的姐姐，咬著牙削掉自己腳尖，只為了塞進王子的玻璃鞋。

老妹一點都不在乎男人事業有成，因為她不稀罕坐享其成。

她的工作可能也不比男人差，對未來也還有很多規畫，因此不願意被一個不了解她的男人困住。與其被事業成功的男人豢養，老妹寧可去尋找一個精神上對等的伴侶：一個能和她愉快對話、價值觀沒有太多摩擦、不會把女人當生育工具、不會要她辭掉工作照顧家庭的對象。

「在我眼裡，只剩事業有成的男人，可能還不到六十分。」她這樣說道：「我不會選擇和這樣的人在一起，讓自己的人生也跟著不及格。」

工作：與愛情相等的安全距離

年終尾牙會上，一群人正在敬酒。綺的主管則當眾被經理褒獎了。

「我看上個月的打卡紀錄，你們主管每天都晚上十點鐘才離開呢！」喝得臉紅通通醉醺醺的經理，在綺的這桌大聲嚷嚷著：「年輕人要耐操一點，多跟你們主管學學。」不知道是不是自己過敏，綺覺得他離開前，意味深長地看了她一眼。

綺的主管是年過半百的熟女，平常不苟言笑，又總是沒命地工作，很多人對她又敬又怕，背後都戲稱她「女魔頭」。除了公事以外，其他時間能閃則閃。

然而不知道是什麼緣故，或是酒喝多了，主管竟然放下酒杯，壓低聲音對著綺和身旁的同事說道：「你們真的以為我喜歡加班嗎？還不是因為，我下班以後也不知道要做什麼。」

綺微微地感到震驚，但是按捺住不動聲色，繼續聽著女魔頭主管絮絮叨叨地說道：「其實有時候，我很羨慕你們的活力，下班後還會去跳跳舞，學個韓文什麼的。都很好，所以我從來沒有阻止你們準時下班。」她說著又為自己斟了酒，往常精明的眼神透露出罕有的寂寞：「但我對什麼瑜伽啊、有氧韻律啊、肚皮舞之類的，通通提不起興趣。最好打發時間的方法，就是在公司加班，等到回家只要洗澡、東弄西弄一下，就可以睡覺了。別人以為我喜歡工作，最好是，誰喜歡工作？！」

綺默默地為自己倒酒，無語。

其實綺平常是出了名的準時下班。只要不是有非趕不可的工作，她總會在六點前把事情完成，嗶的一聲打卡，背著包包匆匆離去。她會去瑜伽教室、去肚皮舞教室、去健身房、去上韓文課；或有時候哪裡都不去，只是想回家。

她不是沒有被說閒話，同事紛紛在背後說年輕人不耐操、主管工作分配不公平等等。但奇怪的是，綺的主管平常嚴歸嚴，對她準時下班卻從未表示過什麼不滿。

她今天終於明白為什麼。從主管微醺的眼神中，她看見了一絲女強人遙遠的寂寞。

工作是我的情人，相處之間也要有安全距離

畢業剛進社會的時候，年輕人往往急著撕下草莓族的標籤，急著想表現、急著想被看見，因此常常沒命地投入工作，犧牲自己的時間。

在辦公桌解決三餐是她的家常便飯，中午常常盯著螢幕一邊吃午

餐，一邊急著看還有什麼信沒回完。下班後一邊滑手機，還不忘回覆公司的信，以及看看主管又傳了什麼訊息。

她放不下工作，是因為太希望證明自己是個好員工。她也不敢跟不合理的要求說不，因為她還不理解，說「不」不代表她是草莓族。

但放不下工作，就像對一段感情太執著：不拉開一點安全距離，就只會一點一滴喪失自己。

老妹在職場上奮鬥了幾年，才開始發現自己越來越不像自己：最喜歡的肚皮舞生疏了，最愛閱讀的她現在一年看不到兩三本書，大學時最好的朋友散了，每天最常聯絡的只剩客戶和同事。她下了班不關機，卻也和想要的人生逐漸斷了線。

「我後來明白，工作就像情人一樣：再愛他，相處起來也要有分寸。」老妹最後悟出一個道理：最好的關係，其實是親密但不黏膩。見面時百分之百的享受在一起，分開時各自為人生打拚。工作亦是如此，上班時為工作負責，下班後只為自己負責。如果只想把百分之百的時間奉獻給其一，對方除了不見得感激，可能還會一點一滴的流失自己。

老妹不希望長年迷失在工作裡，而找不回她自己。因此即使她也愛自己的工作，卻也開始從中學習獨立：該關機時一定關機，不用急著回的信就暫時不理，周末時間盡量留給自己。

此後她與她的工作，就像她與她的情人一般，不會縱身投入，只會維持美好的安全距離。

「老妹的工作就像談感情，除了全心全意，也不會讓對方掏空自己。」

因為愛，我懂得對愛情說不

他是娟在一次聯誼上認識的男生。

自我介紹的時候，娟得知他比自己大六歲，興趣是健身和游泳。由於身材結實，加上外表長得不錯，當天他在聯誼會上深受女生歡迎。娟在一旁默默地看他一派熱心地忙前忙後，幫女生買去冰的飲料、提重物，又開自己的車一一送順路的女生回家——包括她在內，娟的心裡慢慢地對他升起了好感。

「我跟妳家住滿近的，」男子眼裡泛起笑意，在娟的家門口停下了車：「改天可以來我家坐坐，我請妳喝咖啡。」

「好啊！謝謝你。」娟道了謝，拿起包包下了車，等到男子的車開走，才喜形於色地掏出手機，傳訊息給她最好的朋友：「剛剛聯誼遇到天菜了！」她一邊飛快地在螢幕上敲打，一邊忍不住泛起喜孜孜的笑意：「而且他還約我下次見面！不曉得是不是客套話。」

娟沒有想到，那個「改天」竟然這麼快就成真。隔天她收到他傳的訊息，問要不要周末下午來他家。「我請妳喝咖啡，不然妳想來喝點酒也可以，我這邊有很好的威士忌。」他說。

娟覺得這應該是某種暗示，馬上開心地轉告好姐妹，說天菜男好像對她有意思：「男生說要請女生到他家喝酒，這不是暗示是什麼？」

那次咖啡之約後，娟又和天菜男約會了幾次；有一次他親吻了她，她沒有拒絕，而當天晚上她就留在他的家，上了他的床。

她覺得一切都很順利，天菜男很溫柔，也很有情趣，會在端給她的早晨咖啡上用拉花畫出一顆愛心，也會用詩集裡的浪漫詩句跟她調情。娟滿心覺得自己兩個月前從廟裡抽到的上上籤好準，竟然真的這麼快就讓她遇見喜歡的人。

「我跟朋友說，下個月她結婚，我要帶我男朋友去。」娟在一天晚上聊天的時候，對天菜說道：「她們都說很想見見你呢，你那天想要穿什麼衣服？」

「抱歉，我好像沒有說過我們是男女朋友。妳是不是誤會了什麼？」天菜男一反常態地沉下臉來，冷淡地說道：「我還沒想要定下來，我應該沒承諾過妳什麼吧？」

他們那天晚上攤牌，她才知道，原來他只想要有人陪，而不是想要找個伴；她以為那些親密舉動就代表他默認他們在一起，原來在他眼裡，只是兩個人你情我願的戀愛遊戲。

她當天晚上就封鎖他的帳號、刪了他的訊息。她依稀記得天菜男最後傳給她的一封簡訊，上面寫道：「名分，很重要嗎？」

她沒有回他，因為她覺得他不會懂。她認為名分很重要，沒有別的原因，只因為這才是她想要的愛情；認為名分不重要的他也沒有錯，他有自己一套邏輯，只是在那一刻，她明白他並不適合自己。

她為自己的愛情流了一整晚的淚，同時也為自己感到欣慰：因為以前的她，可能會為了愛而妥協，學習「給對方要的愛情」。但是現在的自己，已經學會為了愛而勇敢——她學會說不，如果對方給不起她要的，她情願說不。

如果你給不起我要的，我情願不要

每個女人年輕時，幾乎都曾經為了愛而優柔寡斷：因為捨不得、因為擁有美好的回憶，或是沒有為什麼，就只是因為愛。因為愛，所以當對方無法給她想要的未來、無法給她安全感，她也無法割捨，無法說不。她甚至會調整自己去符合對方想要的愛，甚至以為，這樣的犧牲也是一種愛。

老妹不怪任何人，因為她也在幾次戀愛後才逐漸明白，每個人的愛情有不同定義，這當然也包括她自己。她花了很多時間摸清自己對什麼在意，因此不再輕易妥協讓出自己的底線。如果她在意名分、在意穩定的未來、在意愛情中的安全感，而對方給不出來，她不批判誰對誰錯，但會堅定地退出這場戀愛。

對老妹而言，愛情已經沒有對錯，只有能不能捍衛自己要什麼。

她在意名分，就不會任由自己在玩咖身邊委屈；她希望能夠在關係中被尊重，就不會賴在總是批評她的情人身邊捨不得分；她知道什麼時候該對自己狠，什麼時候該離開——因為她知道，敢在愛情裡說不，才是對愛情真正的尊重。

老妹說，如果你給不起我要的，我情願不要。「懂得說不，就是對自己的尊重，也才是對我的愛情最大的尊重。」

我勇敢地吵架，更勇敢地哭

洪捧著幾件保養品，正在藥妝店裡等著結帳，櫃台電視播放著廣告，主角正是她的偶像林依晨。

影片中的她飾演一位精明能幹的上班族，激動地在會議室裡和同事吵得面紅耳赤。下一秒鏡頭切換，剛吵完架的女強人躲進茶水間，一個人哭得一把鼻涕一把眼淚，瞬間化為脆弱的小貓。

洪剎那間就紅了眼眶，連店員喊她都差點沒聽見。她慌忙地結了帳，拎著紙袋快步走出店外，才吸著鼻子在路旁掏出手機，從網路上找出那個影片，又連續看了好幾遍。

「我好像看見自己了。」她將影片轉發在自己的臉書上，還不忘設定隱私權限，讓公司同事沒辦法看見。她將手機放回包包，才快步走向公車站。

她在現在這間上市公司，已經待了快七年了。當年剛從國外念完碩士回來，就錄取這間公司最熱門的業務部。面對這位頂著高學歷卻零工作經驗的空降部隊，許多不是滋味的前輩們，都等著看她鬧笑話。

洪知道自己經驗不足，面對老鳥的白眼，一開始總是低聲下氣地討教。有時候遇上排擠她的老鳥處處刁難，她也是摸摸鼻子吃下悶虧。背地裡，她也總是比別人花更多精力耕耘，對待客戶從不管訂單大小，通通一視同仁地盡心服務。

直到進公司第五年，她的年度業績終於擊敗了總是穩坐寶座的小陳，拿下部門的冠軍。原本以為自己終於可以揚眉吐氣，至少向公司同仁證明自己的實力，沒想到吃了敗仗的小陳心理不服，在她做業績彙報時處處刁難，還故意質疑她灌水，才會讓業績略勝自己一籌。

「有些業務呢，沒真本事就算了，還會耍些不乾淨的小手段。」小陳輕蔑地笑道，大家都曉得他意有所指：「報表漏洞誰不會鑽，吹破了牛皮，當大家是笨蛋看不出來嗎？」

「你說誰鑽漏洞啊你！」洪終於忍無可忍地爆發，冷不防從會議桌上用力站起來，指著小陳的鼻子大罵：「我報業績都是依照公司的規定在報，每一條都清清白白，要查隨時歡迎來查，我只差沒把每一張訂單都印下來，通通附在報告裡——不然你的報告裡有附嗎？你做業績彙報會把每一張訂單印出來？要質疑我，你先質疑自己為什麼今年業績衰退吧！」

洪氣得渾身發抖，覺得自己的心血被糟蹋得一文不值。其他同事見狀也不敢做聲，小陳長年穩坐業績冠軍，一向是老闆眼前的紅人，連主管都要讓他三分，更別說是一個後輩對他拍桌子咆哮了，頓時會議室裡一片尷尬地沉默。

小陳當下一言不發，鐵青著臉收拾東西，頭也不回地走出會議室。其他人見狀也紛紛站起來離開，只有幾個好心人經過洪身邊，拍了拍她肩膀，安慰她別放在心上，隨即也離開了會議室。

洪定了定神，咬著牙用最高傲的姿態，昂首闊步穿越辦公室，推開樓梯間的逃生門，一路往最高的樓頂走去。她蹲下來，下一秒就在一個無人的角落痛哭失聲。

這就是我：勇敢吵架，勇敢地哭

很多人對老妹的形象都有所誤解：以為她們強悍到不懂得哭。實際上，這只是一般人眼裡所看到的假象。

她們以前也許真的不明白，原來敢哭也可以是一種勇敢。於是還是少女時，可能因為倔，在人前也不哭，人後更是告訴自己「沒什麼好哭」而拚命隱忍；有時候則是做過了頭，不明白人心難測，在別人面前就開始哭哭啼啼，人後更是輕易掏心掏肺，訴說自己的委屈。

但是所謂的老妹，就是當面勇敢地跟你吵，但是背地裡卻同樣能狠狠地哭。

她知道自己在職場上必須倔，否則難以面對等著看她笑話的凶險。她在別人越線的時候很敢吵，因為她知道，如果第一時間不站穩住腳，未來只會被人軟土深掘；她不是不能忍，而是知道什麼事可以忍、什麼事忍了只會後患無窮。因此別人想要輕易地踩在她頭上，已經沒像年輕時那麼簡單。

老妹也很敢在背地裡哭：但她的眼淚不是示弱，而是狠狠地逞強之後，用更大的力氣來心疼自己受的傷。她不會再否定自己的情緒，背地裡也不再逞強，她人前用多少力氣捍衛自己，人後就會允許自己用多少力氣放聲哭泣。

別人看不見，以為她已經堅強到不會流淚。實際上老妹的強悍，
來自於她終於勇敢地讓自己流淚。

理直氣壯的特別

來作客的親戚吵吵鬧鬧，你削水果我泡熱茶，玲卻窩在房裡，靜靜地翻著剛買回來的新書。

「怎麼不出來跟大家聊聊？大家都在問妳的新工作做得怎麼樣呢！」媽媽撩起門簾走進來：「不要吃飽飯就一個人窩在這裡，小孩子這樣多沒禮貌。」

「不用了，如果他們真的這麼關心我的工作，就會自己過來問我了。」玲笑笑地放下手中的書說道：「但如果又不是真的在意，只是沒話找話，那為什麼我還得特地花時間奉陪呢？」

媽媽手扠著腰，瞪了她一眼，想罵又收住了口，搖搖頭，掀了門簾出去了。

「姐姐、姐姐！」十分鐘後，三歲半的小表弟，搖搖晃晃地跑了進來：「姐姐，這是什麼東西？」他手中揮舞著一個紅色的信封袋，看起來像是紅包。

「這是誰給你的？」玲放下書本，親切地說道。

「阿姨給我的。」小表弟舉著紅包，開心地說道：「姐姐的馬麻。」

「這個是紅包，過年的壓歲錢。你知道壓歲錢是什麼嗎？」

「不知道。」小表弟睜著圓圓的雙眼，單純地回答道。

「這是壓歲錢，是過年的時候，大人送給小孩的禮物哦！只要拿到紅包，一整年都會很幸運，所以要跟給你紅包的大人說謝謝哦！」

「那裡面裝的是什麼？」小表弟繼續天真地問道。

「裡面有錢，是一種可以買到很——多東西的紙唷！像姐姐手上這本書，就可以買六本！你平常喜歡看書嗎？」

「喜歡！」「真的呀，你都看什麼書？」「我喜歡看故事書——」

「小廷！你是躲到哪裡去了？」小表弟的媽媽在門外找人：「來吃水果，阿姨切了好大一盤水梨，很好吃，快點出來吃！」

「不要，我不想吃！」小表弟朝門外大喊，他的媽媽卻在此時推門進來：「快出來吃，不要這樣沒禮貌。來，一口就好，很甜很好吃的！」小表弟的媽媽一把抱起他，也不管他掙扎哭鬧，就硬是將他抱出了玲的房間。

「玲，妳也一塊兒來吃吧？」阿姨回頭問道。

「好，謝謝阿姨。」玲同情地看了一眼掙扎不休的小表弟，然後客氣地說道：「我等一下就過去。」

然而，直到親戚們準備告辭，玲才姍姍地走出房門跟他們道別。

客人走之後，她一邊收拾著散落一桌的牙籤和瓜子，一邊聽著自己的媽媽在一旁碎碎念：「妳現在怎麼變得這麼沒有家教？親戚來妳一下就躲進去看書，不出來跟大家聊聊，倒是跟一個小孩子在裡頭聊得那麼開心，不懂妳腦袋在想什麼。」

玲將碗盤放入洗水槽，打開熱水，看著髒汙被一股腦兒地沖進水槽。

「小孩以前沒有選擇，只能扮演大人眼中乖巧的模樣。」她溫和地說道：「但是現在我長大了，只想理直氣壯地扮演我自己。」

我不是不懂禮貌，只是不想照著規矩的客套

老妹身上常常有一個被社會誤會的標籤，那就是「任性」。她們像是得到了過多的自由，行為我行我素，絲毫不受控制。常常讓爸媽覺得叛逆、伴侶感到難以駕馭，甚至朋友都認為她特立獨行。

她小的時候可能很聽話，在老師面前從來不曾頂撞，同學們去哪也都想拉著她。即使打從心底不樂意，卻也不曾有所反抗。老妹還是少女時，常常過於在意別人眼光，且敏感而易受傷。那時候的她，還沒找到自己的定位，以為自己只要跟別人不一樣，問題一定出在她自己身上，因此她學會隱藏自己的想法與特別，好讓自己能夠活得安全，也不會受到同儕的排擠。

然而當女孩逐漸長大，她也漸漸開始有能力守護自己的特別。她認識到自己喜歡安靜，就讓自己安於處在角落傾聽，不再硬著頭皮假裝外向；她發現自己對八卦不感興趣，也就不再勉強自己打入同事間的小團體。就算別人在背後說她孤僻，她也絲毫不以為意。

她也看得出誰是想跟她認真說話，誰只是想沒話找話。因此她願意熱心回答小孩子的問題，但是對於連她名字都會差點叫錯的親戚，她也知道對方不是真的有多關心。她只會表現該有的禮貌，但不會逼自己無意義的客套，更不可能乖乖回答自己現在薪水多少。

「老妹不是因為長大而任性，而是開始有能力守護自己的個性。」如果老妹開始有個性，不是因為她轉性，而是因為，她終於有能力守護自己的特別。

因為愛，才懂得離開

「認識他的時候，我們都還太年輕。」一貞淡淡地說著，像是在解釋，又像是在宣告十幾年感情的最終結果。

幾個月前她恢復單身，但跟之前不同的是，這回是她自願的。對象是她分分合合十餘年，每次都是因為她苦苦挽留、或因為他於心不忍，而又重新復合的初戀男友。十七歲那年他們在補習班認識，彼此互相暗戀，之後考上了同一所大學，就順理成章地在一起了。

然而身處於自由戀愛的社會，貞和男友的戀情卻罕見地遭到男方父母的打壓。第一次見到貞，他的父母端出客套的笑臉，見面後卻百般嫌棄兒子的女友不夠稱頭、不夠得體、家世普通、學歷也不夠好

（咦？不是跟你們兒子同校嗎？）配不上家裡鑲金的獨生子。男友雖然聽了生氣，但一向順從父母的他也不敢說什麼，只氣得回頭跟貞私下抱怨，甚至轉述了父母嘴裡的難聽話。

貞也生氣了，覺得自尊受了傷，但男友卻什麼忙也幫不上。他們原本以為，只要彼此的愛情夠堅定，家裡就會慢慢接受他們，但時間一長，男友夾在中間漸漸累了，貞也疲於應付他的悶悶不樂。男友希望貞學著練習討好長輩、貞則希望他學著為自己勇敢，兩人在一次大吵之後沒有結果，男友說要分手，那年他們二十二歲。

「那個年紀的我，沒過多久就去找他復合了。」貞說起這段往事，就像翻開久遠以前的回憶：「因為受不了痛苦，還有我當時對愛情的信念，認為愛一個人就不應該放棄，無論如何都要緊緊抓住，才能叫做愛情。」

她跟男友說想再努力，他也對她還有感情，接下來他們六年的光陰，都在分分合合中度過——問題依然沒有解決，他只要跟她在一起就會觸怒父母，他沒有選擇為她勇敢，而是不斷逃避，甚至一度騙父母自己還單身。她也沒有為他改變，因為她覺得這不是自己的問題，只是不斷地為了他的軟弱憤怒。

「那一年我二十八歲生日，原本說好要來跟我吃飯慶生。」貞幽幽地說道：「但是那天晚上，他媽叫他回去吃飯，說今晚家裡有煮——他不敢跟媽媽說跟我有約，也不願意對他媽說謊，於是打電話叫我自己去找朋友吃，他今天不來了……」

男友掛掉電話的那一刻，貞忍不住掉下淚來。她當下明白了一件事：「以前的我以為，愛就是無論如何都不離開；現在我終於明白了，對於沒有結果的感情，離開才是一種愛。」

老妹的愛，是懂得何時該離開

少女的愛很簡單，愛就是要兩個人在一起，不愛了才放你一條生路，好像愛情只有這一條真理，少女的愛情，眼裡只有對方，沒有自己。

然而在感情裡執著、在分分合合中蹉跎，老妹痛了許多年才逐漸意識到，愛其實還有很多種，陳雪的《戀愛課》裡寫道：「不愛，也是一種愛。」而「離開」，其實也是另一種愛，是允許對方尋找自己幸福的愛、是停止彼此傷害的愛，更是她在這年紀才終於看見的，對自己的愛。

從前因為不捨，所以以愛之名糾纏不清；現在的她也會不捨，但不捨更多的是自己。她看見自己在愛裡不斷受挫折、受委屈、不被尊重，也沒有結果——她看見自己在受苦，才終於意識到多年以來她都沒心疼過自己，因此這一次，她才捨得離去。

老妹這次沒有哭哭啼啼，不像少女時的自己，談戀愛分手就天崩地裂，甚至會苦苦央求對方回到自己身邊。老妹的離開都是真的離開了，人前她沒有哭，人後只在夜深人靜時流淚，雖然痛苦，但她很堅定，因為老妹是真的學會了，當初在一起是因為愛你，現在離開不但是愛你，同時也是愛自己，因為不願看到曾經相愛的兩人繼續受苦下去。

「少女的愛是不離開，老妹的離開是懂得愛。」老妹的分手往往看似無情，實際上是因為，她已經更懂得什麼叫做愛情。

老妹，一種無法追求的生物

真收到男性好友的一封訊息：「我可以問妳一個問題嗎？」

「可以啊。」她想都不想就回道，同時另一個視窗繼續跟男友聊天。

「我想問妳怎麼追女生。」就像在等她這句話似地，對方馬上回覆道：「最近剛認識一個人，我們昨天才見過第一次面。她真的是我喜歡的型，但是不知道要怎麼追才好，妳可以教教我嗎？」

「才剛見一次面就想追，你好急啊。」真打趣地說道：「不先多認識一點、確認適不適合再說嗎？」

「但喜歡的菜出現了，當然要先下手為強啊！」對方急切地在螢幕上敲打著訊息道：「像她條件這麼好的女生，周圍一定一堆蒼蠅在搶，如果還慢吞吞地瞻前顧後，馬上就錯失良機了。我想要用最快的速度讓她喜歡我，妳是女生，又跟她是差不多的類型，有沒有什麼好辦法可以教教我？」

真在電腦前失笑，一時之間不知道如何回應。

她知道這位男性好友多年前，其實是對自己有好感的。只不過，幾次相處下來，她發現自己的價值觀實在跟他天差地遠，彼此在意的事情也不一樣、雙方會各說各的話、感興趣的東西也完全沒有交集。真每次都只能耐著性子聆聽，想著這個話題什麼時候才會停。

然而對方像是不覺得這些是問題似的，單方面地認定她是個舉止成熟、長相不錯、個性獨立又不添麻煩的好女生，因此他開始積極地追求。他請她吃飯，約她唱歌，電影每次都多買一張票，有事沒事就敲她聊幾句，用語也逐漸顯得曖昧不清。真發現他的好感後，開始越來越閃躲，最後乾脆通通推說沒空，直到後來她另交了男友，他們才又開始聯絡。

但真心裡知道，對方其實不明白，為什麼她當時會拒絕他的追求。

「我實在不懂該怎麼追女生。」他在螢幕的另一邊對真發著牢騷：「我也不太懂女生心裡在想什麼。有時候覺得自己是有機會的，但只要一開始追，對方竟然就跑了。但如果不追的話，怕被當成朋友，就永遠只能是朋友。所以才來問妳：到底什麼才是正確的追求方式，才能一邊靠近，一邊又不會嚇跑女生？」

「我們這種女生，其實不能用追的。」真在鍵盤前思索了一陣，才決定坦白告訴他實話：「我們要的是互相自然地吸引，而不是拙於獵捕的陷阱。」

老妹不是用追的：她要的是彼此靠近

「女生過了二十五歲就很難追。」這句話，我們似乎經常聽到情場失利的男生抱怨。

他們以前追女生，還真的都是用「追」的：管接管送、隨時問候，有錢的就買好禮物，沒錢的就純手工，反正年輕女生收到什麼都會感動，因為從來沒有異性對她這麼好過。

問少女為什麼跟這個人在一起，她經常偏著頭想了想，最後才說：「因為他對我很好。」

然而老妹卻無法只用「對她好」來收買。多年的情場磨練，讓她早已不是叢林裡的小白兔，只看到陷阱裡有美味的胡蘿蔔，就不由分說地縱身跳入。

她對「追求」已經有抵抗力、對「殷勤」也特別過敏。因此老妹挑選伴侶，通常不大介意你下次帶她去哪間餐廳，或是帳單有沒有趁她不注意時偷偷付清。她只在意跟你聊天會不會很無趣，如果問你想法不是答「隨便」就是「沒意見」，談到工作又只顧著吹噓自己的豐功偉業，那在她心中，這樣的男人不但缺乏吸引力，而且毫無疑問地出局。

老妹在這件事情上，看似被動，其實很主動。你以為是她沒注意你，才對你的示好沒有回應。事實上，老妹沒回應就是一種回應，表示對你完全沒有興趣；如果你反而追求得更用力，她只好也馬上跟你拉開距離。

老妹是一種無法「追求」的生物：她自己就會主動靠近，只要她看得起你。

她在尋找的是跟得上她速度的同伴：當她認為你是她的同伴，就會主動追上，甚至會做球給你接，明顯到你想忽略都做不到。

「不用擔心不主動，我們就只能當朋友。」老妹想對追求她的男人說：「如果我們最後只是朋友，那表示我也只想跟你做朋友。」

親愛的，我們之間不能只有愛情

幸的妹妹慵懶地躺在沙發上，一手拿著手機，另一手飛快地在螢幕上點擊著，一邊吃吃地發笑。

「笑什麼？」幸揶揄剛上大學的妹妹道：「在跟男友聊天？」

「哪可能啊！」幸的妹妹回嘴道：「我男友才不會陪我聊天咧，他整天只會窩在家裡打電動。」

「不會吧！不然妳跟男友一起的時候，都在做些什麼？」幸驚訝地反問道。

「也沒做什麼啊！之前在學校會一起念書，偶爾一起看電影，或是他在家裡打電動，我在旁邊用他電腦看韓劇。」妹妹一邊敲著螢幕說道：「怎麼了？男女朋友不都這樣？」

是這樣嗎？幸疑惑著，說不上有什麼不對，但又不覺得應該這麼理所當然。「所以妳跟男友不會聊心事嗎？各種事——開心的事、不開心的事，聊聊對事情的想法，還是對未來的期待？」

「不太常耶，男生又不懂。」妹妹放下手機，坐起身來認真地說道：「男生很多都搞不清楚女生在想什麼。有時候連跟他分享突發奇想的心情，他只會說我想太多；連上次跟他抱怨同學排擠我的事，他也只會說不要理她們，接著繼續滑他的手機，連一句安慰的話也沒有。」妹妹皺著眉頭繼續抱怨道：「或是有時候，我跟他一起看電影，看完想跟他討論感想，他常常只說一句『還不錯啊！』接下來又沒話了。如果追問下去，他就只會說『不知道』，最後又都變我一個人在說，真的很無聊。」

「既然這樣，當初怎麼會在一起啊？」幸有點意外。

「可是他對我很好啊！」妹妹反駁道：「他是個好男人耶，每天都會騎車來接我上學，中午都會來陪我吃飯。而且他很專情，不會跟其他女生走太近，出門還會主動幫我提包包，這樣還不夠嗎？」她道：「我朋友都說他是個不可多得的好男人呢。」

「原來如此，我明白了。妳男友真的是個非常疼女友的好情人，這點毫無疑問。」幸拍拍妹妹的肩，笑著說道：「但我們老妹要的愛情，真的跟少女不一樣——老妹的男友，只當一個稱職的好情人絕對不夠，他還必須要是她最好的朋友。」

老妹的愛情與友情，並不是那麼界線分明

剛墜入愛河的時候，女孩常以為朋友跟情人之間，有一條壁壘分明的界線：界線那端是平淡似水、無風無浪；界線的這端則是驚天動地、心跳不已。似乎一位異性的身分只能有朋友或是情人二擇一，因

為兩者的感覺是這麼不同，不可能也不應該有重疊的時候。

於是，少女跟讓她臉紅心跳的人走在一塊兒，跟聊得來的人變成普通朋友；女孩不在乎將心事說給不是男友的人聽，因為她認為，男友是負責讓她臉紅心跳的人，朋友才是那個懂她的人。然而，當戀愛的新鮮感逐漸褪去，女孩和男友開始無話可說，她才會發現，一個好情人，讓她臉紅心跳只是次要，無話不談才是必要。

致老妹的男友：親愛的，我們之間不能只有愛情

老妹也會希望戀愛的對象讓她臉紅心跳，但是她同時也明白，自己要的愛情，不能只有臉紅心跳。

老妹知道，愛情點燃就像擦亮一根火柴，如果兩人之間只有激情的火花，那麼保存期限就只到火柴燒盡為止。那樣的愛情她已經看得夠多，火焰熄滅後的冷教她難以忍受。她才終於明白，能夠擦出火花

的是愛情，但能夠維繫愛情的，卻是心意相通的友情。有著友情當基底的愛情，就像擦出火焰的火柴被丟到木材上，即使原本的激情已經不復存在，也能靠著友情繼續燃燒著溫暖的熱度。

因此在老妹的心中，最理想男人，不能只是情人，他還要是她最好的朋友：她不會介意男友逛街沒幫她提包包，但在意男友聽不聽得懂她的話；她不介意男友無法隨傳隨到，但是她在意男友有沒有能力傾聽她心中最私密的事，而且不會恥笑她無聊。

老妹的男友，說難不難，說簡單卻也不簡單——他不必為她做牛做馬，只要做她的知心朋友就好。

「真正的愛情跟友情之間，不是真的壁壘分明，而是舒適的友情，被包含在彼此的愛裡。」

我的交友圈不寬：你值得才進得來

夏一個人坐在捷運出口，悠哉地看著旅客來來去去，偶爾滑個手機，張望著人群。十分鐘後，兩個朋友終於氣喘吁吁地出現。

「對不起！」她們忙不迭地道歉：「我們剛剛搭錯線，妳等很久了嗎？」

「還好啦！反正是逛夜市，又不趕時間。」夏笑著站起來，拍拍褲管：「快點走吧，我好餓。」

「我也是！」朋友大聲說道：「我中午忙開會根本沒吃，現在餓死了！我要吃小籠包！」

她們三個直奔熟悉的攤位，買了心心念念的鹹水雞，又捧著滾燙的小籠包邊走邊吃，一邊興致勃勃地對新增的攤位指指點點。不知不覺，手上又多了杯檸檬愛玉、三色豆花，還在大排長龍的鹽酥雞攤位排起隊。

「唉唷，不行了！年紀大，戰力變弱。」朋友買了剛出爐的菠蘿油和絲襪奶茶，卻嚷嚷吃不下：「我們先去河堤邊散步一下吧！再吃要吐了。」

「好啊！我也這麼覺得。」夏把最後一口雞排吃完，揉了揉袋子，丟進路旁的垃圾桶：「我也好久沒吃這麼撐了，超痛快！」

她們一邊穿過越來越擁擠的巷道，一邊步上河堤的台階，深深嘆了一口氣。「真的好久沒來了，沒想到這邊還是一樣舒服。」

「對啊，我這個月都要滿三十了，沒想到轉眼已經畢業八年，真可怕。」

「噢，對耶！妳是這個月生的，我都忘了！」朋友像想起什麼似的，驚訝地問她：「是哪一天啊？要不要幫妳過生日？」

「就是今天啊！」夏笑了起來，「不然妳以為為什麼我約妳們出來？」

「什麼？！妳是今天生日？今天嗎？」另一位朋友嚇了一跳：「妳生日當天決定要這樣過？」

「對啊！不是應該去喝酒吃大餐嗎？我還記得妳以前生日的時候，整個社團的人都來幫妳慶祝，還訂到KTV最大的包廂來開趴，妳還記得嗎？」朋友一邊回想，一邊詫異地問道：「妳說妳現在只在夜市吃個雞排、在河邊吹風就可以了？」

「其實朋友那麼多，久了也覺得很累人。」夏笑了笑，對兩位好友坦白承認：「以前覺得朋友多是件很風光的事。但後來我發現，朋友即使再多，真的相處起來舒適的卻沒幾個。但從前我卻浪費太多時間，在維繫那些可有可無的人身上。」

「今天是我寶貴的生日，我決定只做打從心底樂意的事、跟真正喜歡的朋友在一起。」她舉起手上的檸檬愛玉，搖晃著對兩位朋友笑道：「敬真正的友誼，乾杯！」

老妹的交友圈不寬，只有值得的人才進得來

回想起學生時代，「人緣好」在當時似乎是件了不起的事。

女孩子長得漂亮會撒嬌、嘴巴夠甜，人們就誇她有「長輩緣」。個性隨和、待人大方，同儕也會自動朝妳靠攏。爸媽問起學校，除了課業以外，有時候還會問妳人緣好不好、有沒有交到朋友。連學校成績裡都還有個「群育」，好像朋友越多，這項成績就可以拿越高，雖然其實沒有人真的明白那是什麼意思。

那時候，人緣越好、簇擁自己的朋友越多，身上好像就有一層光環。不知不覺，這似乎也成為年輕人競爭的一種「身價」。因此在尚未買得起名牌或化妝品的年紀，年輕女孩的煩惱，往往也是苦於經營

人際關係，總擔心有沒有說錯話，讓朋友不開心，或是生日要怎麼送禮，才能贏得朋友對自己的注意。

但老妹到了這個年紀，對「人緣」早已不想再用什麼心機。

她的朋友可能很多，甚至已經隨著旅行或留學開始遍及世界各地。臉書也常一不小心，就會加到朋友爆棚。但她已經不覺得這有什麼好自滿，反而常常動手刪除名單，或設定貼文只有好友可以看。她不想再昭告天下自己的私生活，只想讓喜歡的人進入她的生活。

老妹不追求朋友多，因為她已經認清，追逐「人緣」就像買名牌，只是圖個虛榮，卻不見得感到自在。她也不再需要跟一大群人慶祝特別的日子，只希望能跟相處舒適的人吃個飯，即使是一起散步吃路邊攤，也不覺得有什麼遺憾。

「我其實沒什麼朋友。」老妹常這樣自我解嘲，但語氣不是自卑，而是自傲：「因為我的交友圈不寬，只有值得的人才進得來。」

30歲：幫心靈卸載的起點

倫的男友，不，現在該說是前男友了，剛從他們租的套房裡搬出去。

「我沒搬走的，就是不要了。」他傳了訊息給她，口氣淡淡的，就像他開口提分手一樣：「妳想扔就扔，我不介意。」

你當然不介意，因為被丟下的是我。倫看著手機，默默地想著。她下班回家，看到空了一半的房間，有些東西還成雙成對，例如枕頭，例如拖鞋，而他用過的牙刷還放在浴室裡的漱口杯，刮鬍膏只剩下一點點。估計是懶得打包了，孤零零地擱在架上，像是等著被丟棄。

她當天晚上夜不成眠，像是空間裡還有男友的影子，好像隨手開燈，就會看到他剛從廁所裡刷完牙走出來，或是在旁邊的枕上酣然入夢。

但是她知道，這一切只是她在作夢。他已經離開了，只留下一堆帶著他氣味的東西，佔領著她的地盤。

隔天她起床上班，打開衣櫃，發現裡面還有兩件他沒帶走的舊衣服。晚上回家進門，她又不小心穿錯他的拖鞋。晚上在浴室裡沖澡，她發現用慣的洗髮精沒了，但前男友的那瓶還放在角落，勉強用了一些，但洗完頭後，發現整頭都是她聞慣的男友身上的香氣。當天晚上，她枕在自己的頭髮裡，哭了一整夜。

隔天，倫在鬧鐘響之前就下床了。她拿了一個大垃圾袋，環視了房間一周，接著像是下定決心似地，開始一件一件地往裡面丟進他的東西。

「我不要再沉浸在過去了。」她狠狠地在心底發誓：「我要好好的把他從我的人生中清理乾淨。」

一開始還算容易，那些她用不上的，例如牙刷，例如舊襪子，她見了一個就往裡扔一個。後來就越發艱難，有些是他留下，但自己可能還有用的，例如茶杯，例如洗髮精。她猶豫了一陣，發現即使這些東西有用，但她用了卻會難過，於是也心一橫，把它們一件一件丟進垃圾袋。

接下來又更加困難了，是他送給她的東西，例如他們合照的相框，一條貴重的項鍊，幾個夜市買來的絨毛娃娃。她看著它們，覺得捨不得丟，留著卻又會勾起她的思念。

倫幾度想狠下心丟了，卻又在最後一刻把它們撿了回來。最後她靈機一動，把相片抽掉，換成一張朋友寄給她的漂亮明信片；貴重的寶石項鍊，她打算轉送給最好的朋友，她知道她會樂意收下；至於絨毛娃娃，她記得六歲的小姪女非常喜歡，於是打定主意下次回家，要請哥哥轉送給她。

她花了一個白天又一個下午清理，一件一件地審視，一件一件地疼惜，又一件一件地送走回憶。她的心在這個儀式裡，一點一滴的開始清空，空氣裡屬於他的氣息，也開始一點一滴的減少。當她提著兩大包垃圾袋下樓，將它們甩上垃圾車的那一刻，心中像有一大塊空了出來，終於讓她能深深地呼吸。

「原來新的人生，要從斷捨離開始。」她扠著腰，對遠去的垃圾車喃喃自語，露出許久沒見的淡淡微笑。

30歲：幫心靈卸載的起點

就我觀察，會講出「斷捨離」這三個字的女性，通常不會是少女。少女的人生其實還很輕盈，沒有太繁重的壓力，而她們所經歷過的一切，也還沒有沉重到會壓垮自己。因此在少女的年紀，很難體會「斷捨離」的重要性，反正生命的空間還很大，生活的空間還很寬，可以由著她們塞進任何捨不得的東西。

然而到了老妹的年紀，不管是空間還是心靈，都會開始逐漸滿載，讓自己越來越喘不過氣。

她們發現自己的周圍堆滿東西，心靈也塞滿老舊的回憶，就像逐漸被佔滿的記憶體，不但困住她們的心靈，也讓她們無法大步前進。

老妹終於開始體會到，要讓困住的人生重新運轉，「斷捨離」是一種必要儀式：從身邊的雜物開始斷捨離，學習捨得丟棄不需要的東西，或是將帶著不好回憶的物品送給需要的人。在一點一滴清理空間的過程，她也一點一滴在重建自己想要的人生。

我會說，「斷捨離」是一種屬於老妹的生活禪學。她的人生歷練已經夠厚，厚到有東西讓她「捨」；但她又還有一點少女的狠，讓她可以有勇氣，把拖垮自己的東西狠狠地「斷離」。

「斷捨離，是新人生的起點。」每個走過這樣儀式的老妹，都會這麼說：「斷捨離不是浪費，而是學會用最好的方式，跟過去說再見。」

30歲，調整人生方向的起點

「小姐，請問現在有空嗎？能不能麻煩幫我們填一下問卷，20秒就好。」走在夏天炎熱的街頭，佩被一位年輕的工讀生弟弟攔下，邊擦著汗，一個勁兒地對她拜託。

如果是平常，佩鐵定瞧也不瞧就走人，今天她正巧悶得慌，又見工讀生頂著大太陽工作，一時心軟停下腳步。

「小姐謝謝，妳人真好！看起來很年輕耶，妳還是學生嗎？」她接過筆，漫不經心地瀏覽著這張「女性保養習慣調查」問卷，對方不知道是真心還是客氣，殷勤地在旁邊搭話。

「沒有啦，姐都畢業十年了，下個月就要滿三十二啦！」她沒把弟弟的恭維放在心上，一邊快速地完成問卷，寫上基本資料。但她刻意跳過「職業」那一欄，直接把問卷和筆還給他。

「好了，這樣可以了吧。」她掉頭準備離去，工讀生弟弟看了問卷一眼，馬上客氣地攔住佩：「啊，小姐不好意思，可以請問您從事哪一方面的工作嗎？不用寫公司名稱沒關係，只要寫個大概就好了。」

「我現在是遊民。」佩沒好氣地說道：「我沒有工作，如果一定要寫的話，那你就寫『無』吧！」說完她頭也不回地往前走，留下工讀生一臉錯愕。

「我剛剛到底為什麼要這樣講話呢？」佩其實才往前走了幾步，心裡就默默升起一股悔意：「人家也是在做份內的工作，我為什麼要把氣出在他身上？」

佩在一旁的長椅上坐下來，看著匆匆來往的人群，一邊整理著混亂的思緒。其實兩個月前的今天，佩才剛從任職兩年半的公司離職。不是因為她表現不好，也不是因為老闆不喜歡她，只是這份工作，她越來越覺得不是自己想要的。但是問她想要什麼，她一時卻也說不上來，只想著且戰且走，於是毅然決然地請辭了。

「反正工作再找就有。」她這樣寬慰自己道：「下一份工作要找自己想要的。」

但是一個月過去、兩個月過去。佩每天打開求職網站，一間一間地慢慢找、想要找一間會引起自己興趣的公司和新職位。但不曉得是好職缺太少，還是自己標準太高，常常看了大半天也沒看上幾間；好不容易有一兩間中意的，興沖沖地準備履歷去投，卻總是石沉大海。

「怎麼會這樣？該不會我已經被市場淘汰了吧？」佩一天一天地焦躁起來：「沒有人想錄取三十歲以後的員工嗎？我是不是太天真，當初不應該衝動離職？」

「為什麼跟剛畢業比起來，我越來越不確定自己要什麼？過了三十歲，才發現自己失去了人生方向，這樣真的正常嗎？」她呆呆地看著人群，失魂落魄地想著。

30歲後的人生：失去人生方向，也是一種進展

在一般人的刻板印象裡，「不知道自己要什麼」這句話，如果由社會新鮮人口中說出，好像還情有可原。

但是如果一位三十歲後的老妹說出這句話，卻常常會引來別人的側目。那種眼光，好像是在問妳：「那妳前十年都在幹嘛？」、「現在說這句話還來得及嗎？」、「妳的人生還有本錢嗎？該好好定下來了吧！」

事實上，「失去人生方向」症候群，反倒最有可能發生在三十歲左右。

老妹在這個年紀，常常已經花了十餘年的時間，在拚命追求「我以為自己想要的人生」。她們可能會搶著進讓父母驕傲的大公司、考系上大家都有的證照，甚至削尖了頭，爭取能夠傲視同儕的職位。

但是當她們走了十年，終於褪去了新鮮人的稚氣，也開始厭倦了爭奪名利，老妹這才赫然發現，一切好像都不那麼確定了，甚至常常困惑地問自己：「這真的是我想要的嗎？」

這樣的迷惘讓她們感到深深地恐懼，害怕自己前十年都白走了，繞了一圈又回到了迷惘的起點。

事實上，三十歲又開始迷惘，反倒是一種進步的證明。那代表她這十年來不斷地嘗試錯誤與前進，才開始摸清自己不喜歡什麼、不適合什麼。至少，她已經學會了對自己誠實。

迷惘，是因為過去的自己已經慢慢遠去，但新的自己還沒建立。這急不得，畢竟我們也花了十年才走過，一定需要一點時間重新探索。

但別誤以為自己回到了起點，實際上，我們應該要對迷惘的老妹說一聲恭喜，因為老妹已經走完上一個階段，來到一個重新的開始。

慢慢來，這一切的恐慌和失序也都很正常。

失去人生方向，一點都不可恥，反而是一種成長的證據。老妹，別急著厭棄現在的自己，因為妳其實已經比二十幾歲的時候，更接近想去的地方。

國家圖書館出版品預行編目 (CIP) 資料

老妹世代 : 30 歲後 , 我反而更喜歡自己 / 柚子甜著 . -- 初版 . -- 臺北市 : 遠流 , 2017.11
面； 公分
ISBN 978-957-32-8152-8(平裝)
1. 自我實現 2. 生活指導 3. 女性

177.2 106018142

老妹世代

30 歲後，我反而更喜歡自己

作　　者：柚子甜
總 編 輯：盧春旭
執行編輯：黃婉華
行銷企劃：李品宜
封面設計：江孟達
插畫繪製：無疑亭
內頁排版設計：Alan Chan

發 行 人：王榮文
出版發行：遠流出版事業股份有限公司
地　　址：臺北市南昌路 2 段 81 號 6 樓
客服電話：02-2392-6899
傳　　真：02-2392-6658
郵　　撥：0189456-1
著作權顧問：蕭雄淋律師
ISBN：978-957-32-8152-8

2017 年 11 月 1 日初版一刷
2017 年 11 月 16 日初版二刷
定　　價：新台幣 300 元（如有缺頁或破損，請寄回更換）

遠流博識網
http://www.ylib.com
Email: ylib@ylib.com